常春藤传记馆

温儒敏／主编

U0889042

进化论先驱

达尔文传

王童谣 著

長春出版社
国家一级出版社
全国百佳图书出版单位

图书在版编目(CIP)数据

进化论先驱：达尔文传 / 王童谣著. — 长春：长春出版社，2017.1
(常春藤传记馆 / 温儒敏主编)
ISBN 978-7-5445-4668-3

Ⅰ.①进… Ⅱ.①王… Ⅲ.①达尔文(Darwin, Charles 1809-1882)-传记 Ⅳ.①K835.616.15

中国版本图书馆 CIP 数据核字(2016)第 279475 号

进化论先驱:达尔文传

著　　者:王童谣
责任编辑:许加澍　周　济　朱　红
封面设计:楠竹文化

出版发行:長春出版社　　总编室电话:0431-88563443
编辑室电话:0431-88546966　发行部电话:0431-88561180
地　　址:吉林省长春市建设街 1377 号
邮　　编:130061
网　　址:www.cccbs.net
制　　版:荣辉图文
印　　刷:长春第二新华印刷有限责任公司
经　　销:新华书店

开　　本:787 毫米×1092 毫米　1/32
字　　数:140 千字
印　　张:7.5
版　　次:2017 年 1 月第 1 版
印　　次:2017 年 1 月第 1 次印刷
定　　价:19.80 元

总　序

温儒敏

十多年前，我主持人民教育出版社高中语文教材的编写，其中选修课就专门设置有《中外传记选读》一种，我自己还动手编写了这本教材。因为受高考“指挥棒”影响，一般学校的选修课未必真能让学生自主选修，很多选修教材编出来都没有使用，但《中外传记选读》一直很受欢迎，每年都有重印。这让我对传记的阅读推广有了特别的关注。

我还注意到最近三四年高考语文试题命制的一种趋向，无论全国卷还是其他省市卷，阅读题往往都选传记作为材料。比如今年（2016 年）全国卷的甲、乙、丙三个卷子，文言文阅读的材料全是传记，包括《明史·陈登云传》（甲卷）、《宋史·曾公亮传》（乙卷）和《明史·傅珪传》（丙卷）；现代文阅读的实用类文本也多用传记，节选了《吴文俊传》和《陈忠实传》。可见传记阅读越来越受到重视，考试也有意往这方面引导。

中小学语文教材也应当多选一些传记。现在

教育部正组织编写一套新的义务教育语文教科书，聘我担任总主编，这套新教材就选了不少名人传记，并鼓励学生多读传记。

为什么中小学生要多读传记？我曾在《中外传记选读》的前言中说过理由，这里不妨转述一下：

> 同学们都渴望能拥有健全、快乐和成功的人生，现在的学习阶段就在做准备，而且其本身就已经是你人生经历的一部分。我们该怎样设计自己的人生？当然最重要的还是学习。除了学习文化知识，还要从历史人物或者成功的人物身上学习宝贵的生活道理、人生哲学以及获取成功的途径。这就是励志教育，是人生教育中非常重要的部分。人都需要不断添加生活的动力，特别是在年轻的时候，要有偶像和楷模，有高远目标的激励。如同英国思想家培根所说过的："用伟人的事迹激励我们，远胜一切的教育。"让同学们从那些杰出的成功的人物身上吸取人生的经验，从前人多种人生道路的选择中寻找我们各自的"契合点"，这就是我们设立这门课的主要目的。

这里说的"设立这门课的主要目的"，其实

也是我们推出这套“常春藤传记馆”丛书的目的。

“常春藤传记馆”丛书由北京大学语文教育研究所组织编写，长春出版社出版。全套丛书初步设定为100种，每本10万字左右，其选目、内容和写法都是为中小学生“量身定制”的。我们希望这套丛书能作为基本图书进入中小学图书馆。和其他同类传记图书相比，“常春藤传记馆”丛书有四个特色：

一是传主覆盖范围广。包括中外古今各个领域的名人，涉及政治、军事、科学、实业、社会活动、文学、艺术、革命等领域。重点考虑有代表性的、在精神层面可以给学生激励的那些名人。

二是和课程教学有呼应。中小学除了语文，各个学科的教材和教学都会涉及中外古今各个领域的著名人物，选择主题首先考虑这一情况，选取学生有所接触又可能希望进一步了解的那些名人。这可以满足学生不同的兴趣爱好。

三是专门为中小学生编写。本套传记不是专业性强的评传，而是重在勾勒传主生平事业贡献的小传，内容和文字力求深入浅出，生动形象，有趣有味。阅读对象接受水平可以定位在初中程度，也可以稍高一点。特别是有些理科方面的传记，主要面对高中生。其实，小学生的课外阅读也要取法乎上，他们可以读这套为中等文化水平的读者设计的书。

四是内容安排上特别注重励志及健全的人格心理引导培养，在叙说传主生平事迹时，适当地自然地凸显这些方面的思考。

丛书取名“常春藤传记馆”，有特别的含义。“常春藤”是一种多年生常绿藤类灌木。美国哈佛大学等几所著名的私立大学，组成体育联盟，叫“常春藤盟校”，其起名是因为这些老校的校舍墙上常攀缘有常春藤。本丛书以“常春藤传记馆”作为标识，是虚拟的意象，可以联想到著名的学府，也可以联想到古代的书院，从而营造浓郁的阅读氛围和宁静的心境。另外，“常春”和“长春”同音，暗含这套丛书是由长春出版社出版的。

但愿广大师生喜欢这套书，也期盼大家提出批评建议，共同来经营好这套书，让“常春藤传记馆”更好地满足广大读者，特别是中小学生课外阅读的需求，满足语文教学的需求。

2016 年 6 月 30 日济南历下

（温儒敏，山东大学一级教授，北京大学中文系教授，教育部聘义务教育语文教科书总主编）

目录 contents

第一章
年少时代

天才的出世

什鲁斯伯里，又名“舒兹伯利”（英语：Shrewsbury），位于英国伦敦西北 240 千米处，是什罗普郡的郡治。美丽清澈的塞文河宛如一条反 S 形的玉带环抱着什鲁斯伯里城区。这里早期是一座市集镇，城镇中心至今仍保有许多中世纪时期所规划的街道。城中共有超过 660 座历史保护建筑，包括一些 15 世纪到 16 世纪间的木骨架建筑。什鲁斯伯里至今被人屡屡提及，最重要的原因就是 1809 年 2 月 12 日进化论的奠基人查尔斯·罗伯特·达尔文出生在这里的唐恩庄园中。

达尔文的父亲罗伯特·韦林·达尔文是一名医学博士，身材高大肥胖，医术高超、观察细致、心地善良、乐善好施。达尔文是家里的第五个孩子，他有三个姐姐，玛丽、卡罗琳、苏珊和一个哥哥伊拉兹谟斯。罗伯特年轻时在什鲁斯伯里行医半年就能诊治四五十个病人，靠自己的医术和爱心博得了人们的信任和支持，是一名享有很高声望的医生。罗伯特一生行医 61 年，救死扶伤，为难以数计的人解除了痛苦。他于 1848 年 11 月 13 日逝世，当地市民为了怀念他，特意将从他家通往市区的街道改名为达尔文街。达尔文晚年在回忆录中还能清楚地记得父亲行医和生活中的许多事情，可见父亲对达尔文的影响之深。达尔文的母亲苏珊娜·韦奇伍德，才识俱佳，有耐心有教养，对孩子们呵护备至，很擅长教育孩子，懂得爱护儿童们的好奇心，以启发教导为主，从不严厉苛责。只是苏珊娜连年生育，身体虚弱，在 1817 年就逝世了，当时达尔文才 8 岁。在以后的日子里，家里人因怕孩子伤心而很少提起母亲，这导致达尔文对母亲的记忆寥寥。实际上母亲对家人及达尔文的影响是很深的。父亲对母亲的感情真挚，因为爱妻逝世脾气变得有点急躁。母亲逝世后，家务事由姐姐卡罗琳主持。她待人热情、才能出众、性格和善，觉得母亲去世了自己应该负起管教弟弟达尔文的责任，对达尔文的说教有时不免有些过火，姐弟时常发生冲突。

值得一提的是达尔文的祖父伊拉兹谟斯，他是医生、植物学家，当时还以诗歌闻名，著有长诗《自然的殿堂》。伊拉兹谟斯曾因医术高超被英王乔治三世青睐，收到过皇室的聘书请他去做御医，但他不喜欢王室和保皇派，拒绝了高官厚禄，没有“摧眉折腰事权贵”。其实他还具有类似演化思想，他相信生物是自然进化而来，著有《生命学》、《植物学》等书。他的进化论思想没能提出足够的科学依据，所以达尔文虽然很早就读过祖父的书，但对达尔文的思想没有产生很大的影响，不过潜移默化的影响当然是有的。世间的事情就是如此地凑巧，祖父的志愿在孙子身上实现了。回过头来看这种家族生命中的联系，只能感叹机缘巧合了！

对达尔文的生活产生重大影响的亲戚中还有一位不能忽略，即达尔文的舅舅——乔赛亚·韦奇伍德。舅舅家是著名的陶瓷世家，家财丰厚，他的美尔庄园是达尔文玩乐的天堂。乔赛亚性格外冷内热，结交的朋友都是当时一些杰出的科学家、文学家。虽然他平时沉默寡言，但对外甥达尔文却比较热情，是长辈中一直理解和支持达尔文对博物学爱好的人，并且在达尔文的人生转折点上起到了至关重要的作用。他自己也对博物学有很深的兴趣，家里有丰富的藏书，达尔文晚年还用古罗马诗人贺斯拉的诗句深情地赞美舅舅：“群众的盲目热情，暴君的凶恶面目，亚得里亚海的狂风巨浪，宙斯手中的迅雷闪电，都不能动摇追求真理、意志坚定的人。”在达尔文的心目中，乔赛亚舅舅就是贺斯拉所歌颂的那种英雄，也是他努力学习的榜样。

天真的童年

塞文河畔，风景如画。罗伯特医生的庄园中绿树成荫，生机勃勃，其中有一株栗子树特别高大，树枝弯曲成座椅的形状，成了孩子们玩耍的乐园。达尔文在优美的环境中长大，父亲凭借多年的经营，家业越来越丰厚，孩子们衣食无忧。达尔文在庄园中一天天长大，摘花朵和果子，捉昆虫，捕小鸟，与大自然亲密无间。母亲时常卧病在床，但每当身体情况好转时就会带孩子们到花园里玩耍。

达尔文很顽皮，有一次问苏珊娜："妈妈，泥土里为什么长不出小猫和小狗来呢?"面对小儿子稀奇古怪的问题，苏珊娜耐心地回答说："小猫小狗是它们的妈妈生的，泥土是长不出小猫小狗的。"

但达尔文并没有得到想要的答案，继续问道："我和姐姐是您生的，您是外婆生的，是吗?"

"是啊，所有的人都是他们的妈妈生的。"

"那最早的妈妈是谁呢，她是谁生的?"

"听说最早的妈妈是夏娃。不过，我只知道圣母玛利亚，"苏珊娜是一名虔诚的教徒，她指着远方的教堂对达尔文说，"教堂里的那个圣母玛利亚，夏娃和圣母玛利亚都是上帝创造的。"

达尔文最后问道："那上帝是谁创造的?"

这可难倒了苏珊娜，在人人都信奉基督教的年代，没有人问这种问题，因为每个人都唯《圣经》是从。但是苏珊娜并没有呵斥达尔文，面对天真好问的儿子，苏珊娜说："亲爱的孩子，世界上有很多事情，对于我，对于你爸爸，对于所有人来说都还是一个谜，我希望你长大了自己去寻找答案，做一个有出息、有学问的人。"在儿童的眼中，我们的世界丰富多彩千变万化，他们自然会有种种千奇百怪的问题，达尔文这种打破砂锅问到底的个性也并不独特，真正独特的是他一生都保持着这种对大自然的好奇心与勇于探索的精神。

父母是孩子最好的老师，苏珊娜无疑是达尔文的好老师，她把家里的花园，塞文河畔的优美风景当成教育孩子的课堂，这好像预示着达尔文一生与大自然不可分割的关系。

达尔文经常去河边钓鱼，去树上摸鸟蛋。与其他小孩不同的是，他用来钓鱼的鱼饵是泡过盐水的晕过去的蚯蚓，摸鸟蛋时总会在鸟巢里留下一个蛋，决不全部拿走。达尔文从小就心地善良，对动物特别有爱心。有一次达尔文正在忙着玩舅舅送给他的漂亮古钱和表姐给他的新奇纽扣，有只小狗跑了过来，不知是对达尔文手里的宝贝感兴趣还是缠着达尔文，达尔文不耐烦地踢了小狗一脚。小孩儿能有多大的力气呢，小狗都没有叫，达尔文却对此次行为感到很后悔内疚，到老都记着这件事情，这足见达尔文的善良之心。

童年时期的达尔文喜欢各种动植物，还喜欢搜集各种昆虫、贝壳和植物标本。他常去塞文河沙滩上挑拣色彩鲜艳的鹅卵石和美丽的贝壳，上附近的小山寻找矿石。他还喜欢收藏各种印章、钱币、火漆信封和不同颜色、式样的免资邮递的印纸。在达尔文的房间里，有着各种各样的收藏品，这些都是达尔文的宝贝。要得到一件想要的收藏品，往往需要动脑筋想办法才能达到目的，收藏对成年人来说都是一件需要持之以恒的事情，何况对于小孩子呢！喜欢收藏东西对达尔文来说只是一种爱好，这种爱好潜移默化地影响了他以后的研究。因为尽可能地搜集自己所需要的东西是研究的第一步。

母亲去世后，二姐卡罗琳掌管家务，家里一切大小事情都是卡罗琳说了算。弟弟达尔文在她眼中经常出去疯玩疯跑、调皮捣蛋，因此卡罗琳时常呵斥弟弟。有一次还说要把达尔文的收藏品全扔出去，要知道那些在卡罗琳看来是垃圾废品的东西，在达尔文的心里可都是宝贝。姐弟经常吵架拌嘴，父亲罗伯特为了家里能够清静，就让达尔文尽早去上学了。

“空白的”中学

1871 年春天，达尔文和妹妹凯瑟琳被父亲送进当地一所私立小学读书，学校里的教员是一位牧师，因此教材理所当然地就是《圣经》了。达尔文觉得《圣经》里的故事故弄玄虚、虚无缥缈，所以在学习上不如妹妹用心。他喜欢看的是各种新奇故事、探险读物，比如《鲁滨孙漂流记》《格列弗游记》《世界奇观》等，他被书中的故事所吸引，爱搜集东西的兴趣也一天天增长，并开始对博物学产生了兴趣。

日渐长大的达尔文越来越不服二姐卡罗琳管教，所以达尔文在这所私立小学只读了一年，1818年夏天就被送往哥哥伊拉兹谟斯就学的什鲁斯伯里中学去当寄宿生去了。这所中学颇有些名气，培养过一些著名的人物。校长巴特勒（1774—1839）毕业于剑桥大学，获得文学博士学位，与达尔文的父亲罗伯特是老朋友。巴特勒凭借出众才能24岁就被任命为校长，他制定了严格的校规。原本这所名校已经有点不景气了，但在巴特勒带领下竟很快地跻身于英国中学前10名的行列。达尔文在这所中学读了7年，多年后他对什鲁斯伯里中学的教育经历是这样描述的：“巴特勒博士的中学，对我的思想发展起了极坏的影响，因为它是严格的古典式中学，除了古老的语文课程，还教授少量古代的地理和历史课程，其余也就没什么了。作为一所学校，对我来说，这里简直是空洞无物。”达尔文的兴趣爱好与古典式教育的冲突不可避免地发生了。

学校要求的是循规蹈矩，达尔文虽然不喜欢填鸭式的教育方式，但还是尽力完成了课程。他没有因为不喜欢那些古典课程作业就偷懒或是抄袭，所以达尔文在这所中学里虽不是名列前茅的学生，但也不是差等生。巴特勒博士曾因写过希腊颂诗得过两枚奖章，所以他特别重视抄诗、作诗。达尔文没多少作诗的才能，为了能顺利完成作业，他发挥了自己擅长搜集的长处，收集整理了很多旧诗，在同学的帮助下，也能够顺利地做出任何题目的诗篇来。学校里还要求学习古文，阅读背诵古希腊、古罗马人的著作。背诵对达尔文来说是没有多少难度的，但像他自己所说，硬式背诵只是暂时的，背过很快就忘了。但对自己喜欢的诗人如贺拉斯的诗篇，他到晚年还能背诵。

达尔文经常在早祷的时候朗诵自己喜欢的诗篇，如雪莱、拜伦、司各特、密尔顿的诗歌，这种行为使看管学生的教士很生气。教士在一次早祷时训斥达尔文：“雪莱是一个不信上帝、不敬国王、不爱祖国、诽谤政府、煽动造反的狂人，是疯子！”并告诫达尔文不要执迷不悟，以免断送了自己的大好前程。达尔文却不为所动，坚持自己的想法，他反驳道：“老师，我听说，莎士比亚刚登上文坛的时候，也遭到某些人的攻击，说他是‘乌鸦’‘包藏着虎狼之心’，但是现在大家都认为，莎士比亚是英国历史上最伟大、最可爱的作家之一。密尔顿在世的时候，为了维护英国人民的民主权利，累得双目失明，以后还遭到逮捕、焚书等打击，现在大家都认为密尔顿是英国历史上最伟大的战士和诗人之一了。我相信，雪莱很可能也是这种情况。”达尔文据理力争，教士气急败坏哑口无言。早祷风波使达尔文获得了很多同学的敬佩。达尔文在中学时期交了很多朋友，他温和可亲，善于交际，许多同学都跟达尔文保持了终生的友谊。

学校里的课程虽然很无聊，但在课外达尔文继续并发展了搜集的兴趣，达尔文的课余时间大部分都用于捕捉昆虫、采集矿石了。达尔文 16 岁生日那天，舅舅乔赛亚送给他一本吉尔伯特·怀恩的《塞尔伯恩》。达尔文喜欢得不知说什么才好，成天阅读，晚上睡觉坐在床上还要看几页，有时竟抱着这部书进入梦乡。正是读了这本书，达尔文开始对鸟类活动的观察着了迷，整天去林子里观察鸟类的习性，甚至还作了笔记。十几岁的少年十分喜欢“在刮风天的傍晚沿着海滨散步，观赏那些沿着奇怪而又错误的路线飞回家去的海鸥和鸬鹚。”中学时代后期，大约 14 岁的时候，达尔文迷上了打猎。直到晚年他还清楚地记得自己怎样射中了第一只鸟，当时激动地双手发抖，无法再把弹药填进枪膛中去。有时为了不耽误第二天打猎时间，达尔文会在前一晚把打猎穿的靴子放在床边，以便第二天能节省时间尽快地穿好衣服出门打猎。热衷于打猎是达尔文的又一个终生爱好，他是一个本领高强的猎人。

当时同学们之间流行一本名叫《世界奇观》的书，这本书讲述了许多奇特的古代建筑，四马战车、太阳神雕像、巨型金字塔、空中花园等等。达尔文认为就是这一本书，首先引发了他要到遥远地方去旅行的心愿，在他好奇的心灵里激起了要到新奇的、美丽的地方去看个究竟的愿望。这种探索世界的愿望，在他读了洪堡的《南美洲旅行记》后就更加强烈了。

19世纪初，英国已经成为世界上第一个工业国，民间流行崇高自由与科学的风气。当时的科学家们已经通过实验证实，物质是由微小的粒子构成的，英国社会兴起了一股化学实验热，人们希望通过探知物质的本原来进一步了解这个世界。达尔文的哥哥伊拉兹谟斯迷上了化学实验，把家里花园内的工具储藏间改造成了实验室，达尔文成了哥哥的助手，二人乐此不疲。达尔文通过实践认识到了实验科学的意义，学校中的师生们知道了达尔文爱做化学实验的事情，这在他们的小镇上是很新奇的事情，同学们给他起了个绰号叫“瓦斯”。兄弟俩不仅在家里做实验，还在学校里做实验。校长巴特勒当然忍受不了这种不符合校规的行为，他把达尔文兄弟叫到办公室里严厉地训斥，还用拉丁词“pococurante”骂达尔文是举止轻浮的“浪子”。可怜的达尔文都不知道这个词是什么意思，只是觉得这是很严重的斥责。

被校长巴勒特训斥的事情传到了父亲的耳朵里，达尔文医生非常生气，他对自己的儿子一向要求很严，不理解小儿子的兴趣和爱好的意义。在对待青年教育问题上，他也显得比较保守和固执，他不允许儿子对当时的教育制度进行任何形式的反抗。父亲和巴特勒一样，他们不但没有识别出这个勤学多思的少年可能成为“千里马”，反而认为他是一个极其平庸的孩子，甚至认为达尔文的智商远在普通的智力水平之下。达尔文对自然科学的热爱，对大自然的探索，不但没有得到师长们的支持和鼓励，反而被看成是在浪费宝贵的时间。如今看来，少年时代的达尔文是在努力冲破旧教育制度的牢笼，按照自己的兴趣爱好来不断扩大自己的知识领域。虽然这一切在父亲和巴特勒博士看来是游手好闲、不务正业。父亲也曾训斥达尔文：“你只知道打鸟、养狗、捉老鼠，其他什么都不管，这不但会害了你自己，也会连累我们全家的。”

如今达尔文的铜像已经树立在他的母校门前，然而当时，16 岁的达尔文几乎是被赶出学校的。父亲没有真正了解自己的儿子，虽然后来他终于明白了自己的错误。当时他认为巴特勒校长不可能青睐他的小儿子了，也不愿意儿子在学校继续和老师们对立下去，思量再三，就让达尔文停学回家了，转而想让他子承父业，将来当个医生，所以就把达尔文送到了爱丁堡大学医学院。年少的达尔文特别尊重和敬爱自己的父亲，他不想惹得父亲生气，虽然对当医生不感兴趣，也对父亲表明过自己想继续学植物学和动物学的心愿，但父亲态度坚决地回绝了他。达尔文又感到了不被理解的痛苦，却没有坚持自己想法的勇气和能力，只能听从父亲的安排了。从父亲罗伯特的视角看，为儿子选好未来的道路是他的责任，并且他也不是无缘无故地就让达尔文学医的。在什鲁斯伯里，达尔文早已帮助父亲护理过一些病人。达尔文很认真很细心地作记录，对待病人很有爱心和耐心，善于赢得病人的信任，因此罗伯特认为儿子能踏着祖父和自己走过的道路成为一位受人尊敬的医生，这是完全可以理解的。也许罗伯特严词激烈，不容达尔文反抗，但他对儿子的爱是毋庸置疑的。

总的来说，少年时代的达尔文表现出来的性格特点已经很明确了，那就是有极其浓厚而且多种多样的兴趣，对自己感兴趣的东西非常入迷，对各种复杂的问题和事物很喜欢寻根究底，这种品质无疑为以后的科学研究打下了坚实的基础。

多彩的大学（上）

面对学医的这条道路，达尔文表面上顺从了

父亲，但心里始终觉得很纠结、矛盾。

1824年夏天，乔赛亚舅舅邀请他去美尔庄园过暑假，达尔文高兴极了。母亲在世时，两家人礼尚往来，达尔文经常去美尔庄园游玩。随着苏珊娜的身体越来越不好，达尔文去美尔庄园的机会也减少了很多。美尔庄园对于达尔文来说简直是个天堂，这里有茂密的树木和广阔的草地，可以让他搜集到很多植物和昆虫标本，还有很多不常见到的飞蛾、蝴蝶，丰富的地衣和苔藓。而且舅舅很能理解达尔文的兴趣爱好，他自己对博物学也有强烈的兴趣，二人有共同话题，乔赛亚当然很支持达尔文。美尔庄园让达尔文如此迷恋还有另一个原因，那就是和他年龄相仿的表姐埃玛，两人青梅竹马、两小无猜。达尔文大部分时间都和埃玛在一起，两人一起在书房读弥尔顿的诗，一块出去钓鱼。埃玛心里很倾慕表弟，他们谈诗歌、谈英雄、谈理想，埃玛看着侃侃而谈的达尔文说："瞧，站在我面前的这个人，将来很有可能成为一个令人敬仰的大人物呢！"

达尔文想起学校老师们对自己的评价不由得满面通红，因为在他们眼中他只是一个极其平凡的孩子，况且父亲又让他学医，自己不感兴趣将来可能一事无成。埃玛劝达尔文找她的爸爸谈谈。在离开美尔庄园的前一天，达尔文和乔赛亚舅舅进行了一次深谈，乔赛亚很理解达尔文矛盾的心情，并且根据自己对达尔文的观察了解，也认为他不适合学医。

乔赛亚考虑到达尔文的实际情况，劝道："我知道你想研究博物学，不过爱丁堡大学也开有生物学和生理学两门课，我认为你应该按照你父亲的意愿去爱丁堡大学学习，学好生物学和生理学这两门课，对你以后做个博物学工作者也很有用的。"舅舅的劝导如一阵清风吹走了达尔文心中的阴霾，他终于决定提前离开什鲁斯伯里中学，到爱丁堡大学去学医。

爱丁堡是一座有着悠久历史的文化古城，也是苏格兰的首府。爱丁堡大学建于 1582 年，有一所著名的艺术和工艺学院，还有一个藏书非常丰富的图书馆，19 世纪初爱丁堡大学是世界上很有影响的医科大学之一，它的生源遍布欧洲各地，被誉为"医学博士的摇篮"。1825 年 10 月，不满 17 岁的达尔文进入了爱丁堡大学。在来这之前，达尔文对大学生活抱有很多美好的想象，但没过多久这些想象像肥皂泡一样一个个地破灭了。

舅舅告诉过他的生物学和植物学课程，老师们讲得极其乏味冗长，没有使他增加任何新的知识。他到晚年还把邓肯博士的药物学课程描绘成"可怕的回忆"，可见其枯燥无聊至极。人体解剖学课程讲得和门罗所老师本人一样枯燥，让人觉得厌恶。他学的几门课，除了托马斯·霍普教授的化学课讲得比较深入浅出之外，其他的课程索然无味。特别是在手术室中实习的经历，让他亲眼见识到了糟糕的医疗手术。有一次是给一个活泼可爱的小姑娘在没有麻醉的情况下做手术，其状惨不忍睹。达尔文之前跟随父亲护理的病人，主要是什鲁斯伯里的穷苦人，帮助穷苦人让他觉得很有价值。但在爱丁堡大学，他却亲眼看到很多病人经过治疗以后依旧痛苦地死去，而且医院还把许多交不起费用的病人推出门外，医学完全被金钱所左右。达尔文的仁爱之心一直很为朋友们所称道，他的一位朋友评价他说："在朋友中，他是最和蔼、热情、慷慨和友爱的；他同情一切善良的和真实的东西，憎恨一切虚假的、邪恶的、残酷的、卑鄙的或不正直的东西。他不仅伟大，而且也是无比的善良、公正和可亲。"

大学的第二年，达尔文报了产科学、物理实

验和自然史三门课。他对自然史这门课一直都很有兴趣，讲这门课的是教授罗伯特·詹姆逊，可惜詹姆逊关于专业课地质学方面的讲授，使达尔文觉得以后都不想再读一本地质方面的书了，当然这只是赌气的话，不过这也从侧面反映了一个会讲课的老师对学生来说是多么重要。

生灌硬塞式的教学方式严重束缚了达尔文的思想发展，还不如达尔文自己阅读的效果好，他和哥哥伊拉兹谟斯都是图书馆的常客。他们在爱丁堡大学的图书馆如饥似渴地寻求各种知识，哲学、文学、植物学、动物学等等，达尔文对自然科学的兴趣依然很浓厚。

在爱丁堡大学他结识了几位很好的朋友，他们对达尔文的生活和学习都产生了重要的影响。一位是年轻的罗伯特·格兰特博士，他年轻有为，研究海洋无脊椎动物；还有一位是约翰·科尔斯特里姆医生，他笃信宗教，才华出众。达尔文常和他们一起外出游玩，在落潮后的水边收集动物，还同纽黑文村的渔民朋友去捉牡蛎，采集海生动物的标本。三人经常一起讨论问题，一次格兰特同达尔文谈论起法国拉马克的进化观点，对达尔文来说，进化观点并不是什么奇谈怪论，自己的祖父就秉持这种观点，达尔文也读过祖父写过的书。因为当时拉马克和祖父写的都是纯理论方面的东西，提不出有力的证据，所以达尔文并没有很感兴趣，他还是热衷于对自然界的考察和动植物机体的研究。

还有自然博物馆馆长麦吉利夫雷先生，他以研究苏格兰鸟类而出名。他知道达尔文爱好采集海生软体动物，就赠送他一些稀有的海贝，还时常同达尔文谈论自然史方面的各种问题，他非常支持达尔文搜集鸟类和观察鸟类的兴趣。正是这个时期，达尔文了解到有一个名叫约翰·爱德蒙斯通的黑人擅长制作鸟类标本并以此谋生，他就付给这位黑人报酬，学习制作标本的技术，二人常在一起聊天。现在看来二人的交往并没有什么，但当时可是 19 世纪，奴隶制度还没有废除，种族歧视非常严重。当时许多上流社会的人声称，黑人和有色人种原本便是上帝单独创造出来为白人服务的，这种论调甚至一度成为欧洲人在殖民地奴役有色人种的依据。许多年后，达尔文在著作《人类的由来及性选择》中专门谈到了他的这位黑人老师，并阐明欧洲人、黑人和美洲的印第安人在生理结构乃至心理特点上都有许多相似之处，他们无疑拥有共同的祖先，并非像基督教声称的那样由造物主分别创造出来。

爱丁堡大学的第二年，哥哥伊拉兹谟斯毕业后，达尔文更加自由了。他参加了詹姆逊教授创办的普利尼学生自然史学会，这个学会成立于1823年，会员们每周都在学院的地下室集合，宣读讨论自然科学方面的论文著作，学会秘书就是格兰特。达尔文是1826年被选为学会委员，很快又被选为学会理事会五人成员之一。据现存的记录，达尔文经常在讨论辩论时发言。凭借长时间的游历观察，达尔文有了两个新的发现：一个此前被人们认为是苔藓动物的“卵子”实际上是一个周围布满了许多颤动纤毛的幼虫；此前被当作藻类植物发育阶段的黑色小球状体其实是一种卵胶囊或者是水蛭产卵的卵袋。达尔文把这两个发现在学会上宣读后，大家建议他写成论文。

格兰特非常关心这位比自己小十几岁的朋友的发现，并进一步做实验证明了达尔文的正确。他是这样评价达尔文的：“科学研究需要靠非常细致的观察力和独立思考的能力，借此做出正确的分析和结论。科学工作不仅仅是重复前人已做过的事，对科学上被认为早已解决的问题，更需要大胆求实的精神，才能提出新见解。别看达尔文年龄小，平时话不多，可他的观察能力却不弱。这两项发现表明，只要他继续努力，我相信他一定会有成就的。”格兰特还带达尔文参加维尔纳学会的会议，达尔文还加入了皇家医学会和爱丁堡皇家学会，与很多优秀人物结为了朋友。有一次在参加爱丁堡皇家学会的集会时，达尔文见到了著名的小说家司各特，达尔文带着崇敬的心情望着他和整个会场的人们，心情十分激动，自己年纪轻轻就能成为名流聚集的学会的会员，真是十分的自豪，这是其他任何荣誉都无法相提并论的。

在爱丁堡大学两年的暑假时间，达尔文几乎全都用在游玩、旅行、打猎上了。1826 年夏天，他同两位朋友，横穿北威尔士，长途徒步旅行，攀登了斯诺登山峰。他还同二姐卡罗琳在北威尔士做了一次骑马旅行。那里草木茂盛，山清水幽。这都锻炼了达尔文的体质，陶冶了他的情操，磨炼了他的意志。

当然达尔文最喜欢的还是打猎，最为惬意的就是到舅舅的美尔庄园去打猎了。舅舅是个打猎高手，传授给达尔文很多技巧。在整个打猎季节，达尔文对每只捕获的鸟都做了精确的记录。达尔文十分爱护动物，他对自己迷恋打猎这种活动内心感到有些羞惭，只能有点自欺欺人地说服自己这是一种脑力活动，需要高超的技术判断猎物可能躲藏的地方，同时也方便他采集动物标本。

1827 年秋季，达尔文在美尔庄园度过了难忘的假期，因为他在那里遇到了詹姆斯·麦金托什爵士。他是哲学家、历史学家，非常健谈，年轻的达尔文总是专注地听他讲历史、政治、道德方面的事情，并向他提出各种各样的问题。麦金托什爵士对达尔文评价很高，达尔文得知后十分自豪，晚年还记忆犹新，“听到伟大人物的赞赏，虽然无疑地容易或者一定可以引起虚荣心，但是我想这对于青年人还是有好处的，因为可以帮助他们循着正确的道路前进”。达尔文一生中能够沿着正确的道路不断前进，同他擅长从每一个所遇见的优秀学者身上吸取思想养料是分不开的。

美尔庄园的生活悠闲惬意，表姐埃玛已经 19 岁了，举止得体，才貌双全，求婚者络绎不绝，埃玛当然都拒绝了，因为她心里已经有达尔文了。但让她苦闷的是她不知道达尔文内心是怎样想的。达尔文当然也喜欢埃玛，但男人总是晚熟的，此时的达尔文心里根本没有考虑过婚姻问题，他脑子里塞满了那些小小的发现和他的那些新计划。表姐的心思他没有猜到，他更没有想到的是父亲罗伯特医生又为他选择了另一条人生道路。

多彩的大学（下）

罗伯特原本想让达尔文继承自己的事业，没想到儿子整天沉迷于打猎和采集标本，对医学根本不感兴趣，罗伯特失望极了。1827 年秋天，他把达尔文叫回家，严厉地训斥道："你成天游手好闲，不务正业，为什么不好好学习医学？"

达尔文当然竭力为自己所热爱的自然科学辩驳，告诉父亲自己并不只是到处游玩，也坦白地承认自己不想学医，他把在爱丁堡大学的所见所闻告诉父亲，希望父亲理解自己。罗伯特觉得达尔文是在为自己的无所作为找借口，最后，罗伯特生气地说："既然你不想当医生，那么从下个月起开始认真学习外文，准备去剑桥大学学神学吧！"

这个决定在达尔文看来很突然，他小心翼翼

地说："爸爸，我不适合学医，对神学更没有兴趣，您为什么老是让我去学那些我不感兴趣的东西呢？"

"那么，你对什么感兴趣呢？除了把天上飞的都打死，房间里塞满各种各样的死虫子，你还对什么感兴趣？"罗伯特依旧固执己见地把儿子的爱好当作是不务正业，根本不理解儿子对自然科学的热爱，认为自己安排儿子的事业道路是为了儿子的未来考虑。其实这是看问题的角度不同，父子二人又缺乏沟通，才导致父子的屡次想法冲突。

达尔文是很孝顺的，为了不惹父亲生气，他只能请求父亲给他一点时间好好考虑一下。像上次去学医一样，达尔文再一次到了美尔庄园，想让乔赛亚舅舅帮他拿主意。罗伯特知道达尔文的心思，早就跟乔赛亚通过信了，让乔赛亚帮忙劝达尔文去学习神学。舅舅用哥白尼、布鲁诺的例子劝说他，他们都是从神学走向科学，而不是从科学走向神学。达尔文听后觉得既然这么多伟大的人物都学过神学，他自己也可以做到。达尔文毕竟是个阅历不深、知识不多的学生与孝子，加上无孔不入的神学势力的影响，他阅读了神学方面的书籍，并觉得英格兰教会的全部教义都是可以接受的，将来做一名乡村牧师好像也不错，所以他接受了父亲的安排。

要当牧师，必须先到本国的一所大学去读神学并取得学位。达尔文曾经在巴特勒博士的学校学习过的希腊文和拉丁文，可现在已经忘得一干二净，达尔文不得不请了一位私人教师补习功课。经过几个月的突击，他顺利通过了入学考试，1828 年 1 月 8 日正式进入剑桥大学基督学院，学习期限为三年。基督学院在一个雄伟而阴沉的建筑物里，有着浓郁的哥特气息，狭长的彩绘窗格，尖尖的塔楼，高耸的石墙，厚重的院门……一切都让人感到沉闷压抑。达尔文在这里读了一些基督教著作，如约翰·皮尔逊的《论教义》，佩利的《基督教教义证验论》、《伦理学》、《自然神学》等等，还翻译过一些古希腊文的著作。达尔文真的被神学俘获了吗？

实际上，达尔文并没有认真地学习神学，就像他没有认真地学习医学一样。他最感兴趣的当然还是自然科学。但他一方面不想违背自己的本心，一方面也不想令父亲失望生气，只能是表面上顺从父亲了。在学校里他平时都不去上神学课，只有快到期末考试了，他才把自己喜爱的东西放到一边，临时抱佛脚地准备功课，应付考试。考试一结束，他就扔下那些必修课，又去忙他的动植物标本了。

其实达尔文只是在逃避问题而已，《圣经》的故事同他从观察和实验中得到的知识相比，简直是无稽之谈。达尔文对耶稣的诞生及其种种神迹产生了怀疑，他对天天重复的祷告仪式心生厌烦，他所敬仰的哥白尼、布鲁诺、伽利略还在神学院遭到诽谤和攻击……如果将来做个牧师，就要每天重复自己都不相信的故事，一天三次地祷告不知道在哪的耶稣，这与他心爱的科学事业简直背道而驰，达尔文不知不觉地和神学越走越远了。他的时间和精力都用在阅读自然科学书籍，到野外采集标本和结识志同道合的朋友上去了。

达尔文的表哥福克斯引导他去研究昆虫学，他当时也在基督学院读书，二人有共同的兴趣爱好，很谈得来。在给福克斯的信中，达尔文向他叙述了自己向昆虫学进军的计划，还向他抱怨过期末考试的严格，以及考试通过后继续搜集昆虫而欢呼雀跃的心情。

搜集甲虫是这段时期达尔文最喜欢的活动，

他对甲虫有很强的分辨力，能够非常准确地判断出一只甲虫是不是新的品种。直到晚年他还记得年轻时捉甲虫的一件趣事。有一次，他在树林里剥开一片老树皮，看到两只非常少见的甲虫，于是一手捉住一只。就在这时他又发现了更为稀有的第三只甲虫，他生怕它逃走，又不愿丢掉手里的两只，情急之下，便把右手的那只甲虫塞进了嘴里。没想到这只甲虫竟然喷射出一股辛辣的汁液，灼伤了达尔文的舌头，这使他不得不把它吐了出来，慌乱之下，第三只甲虫也失踪了。为了采集甲虫，达尔文还发现了两种新途径：一个是从冬天的老树皮上刮下青苔，装进大口袋中；一个是收集那些堆积在货船舱底的垃圾，其中有从剑桥附近沼泽地区运来的芦苇。这两种办法使他收获了几种很稀有的甲虫，从而很受昆虫学家的重视。当时一位很著名的昆虫学家斯蒂芬斯在他的《不列颠昆虫图集》中收录了达尔文鉴定和命名的甲虫。为此达尔文的喜悦之情简直无以言表，他形容自己的快乐绝对比作家看到自己的心血之作发表还要高兴。

每个人的人生当中总要遇到对自己影响重大的人，达尔文在剑桥大学就遇到了一位，那就是

亨斯洛教授。达尔文早就听哥哥伊拉兹谟斯评论过亨斯洛，说他是一位知识渊博的博物学家。

有一次，表哥福克斯带领达尔文去参观剑桥大学的植物园。时值初夏，植物园树木丛丛，鲜花艳艳，湖水清清，草地茵茵，宛如仙境。特别是兰花品种繁多，朵朵争奇斗艳，千姿百态，美不胜收。

“嘿，达尔文，快看，亨斯洛教授正在那里给学生讲课呢！”达尔文听说赶忙抬起头，顺着表哥指的方向看过去，他早就听过亨斯洛教授的大名，想结识这位老师。真是择日不如撞日啊，今天竟然让他不期而遇了，他赶紧拉着表哥朝人群走去。原来亨斯洛正在给学生讲课呢，达尔文对这种走出封闭的教室，在美丽生动的大自然里进行教学的方法感到很新奇。

只见亨斯洛教授说道：“下面我们来看看杓兰花的结构，这几片特别大、特别娇艳的花瓣叫作唇瓣。它们很有弹性，昆虫一飞到这里来，它们就会自动卷起来，形成一个封闭的空间，只留一个小缝隙，当昆虫翻来覆去用力钻出来时，花粉就沾满身上了。”

一个学生问道：“看来甜美的花蜜不是白吃

的啊！教授，是不是所有的兰花都以这种‘强迫’的方式使昆虫为它们传粉呢？”

“不完全是这样的，”教授笑着说，“兰花的品种如此繁多，每一种都有自己的传粉方法，你们看，”亨斯洛边说边用手轻轻弹了弹身旁一朵淡紫色的兰花，只见许多花粉四散开来，“这种兰花，只要昆虫一碰到花朵，就像我刚才弹它一样，花粉就会向昆虫扑散过来，沾到昆虫身上，那么这些昆虫迟早会把花粉沾到雌花的柱头上的。”

“这真的是太奇妙了！难道上帝创造出这么多种形态的兰花都是为了让昆虫帮助它们传粉的吗？”另一个同学问道。

“也可以这么说吧！”亨斯洛教授若有所思地点点头。

同学们不由得感叹上帝奇妙的神力了。

达尔文突然想到了一个问题，他很想问亨斯洛教授，但又怕显得太唐突，毕竟他和表哥是旁观者，他问表哥“你说我能向教授问一个问题吗？”福克斯还没回答呢，达尔文旁边的同学听见后马上对教授说：“这位同学有问题要问您呢！”这下子达尔文不问也得问了，只好说：“教授，刚才听了您的讲解，我就想问下您，上帝是同时创造了兰花和昆虫吗？如果不是，那么是先创造了兰花呢，还是先创造了昆虫？”

听到达尔文这么问，同学们顿时议论开来。有的说当然是同时的，有的说肯定是有先后的，这又是一个“先有鸡还是先有蛋”的悖论，亨斯洛教授也不知怎么回答好。他没有不懂装懂，或是以老师的权威一锤定音，而是望着提问题的达尔文说：“你叫什么名字？”

福克斯忙说：“亨斯洛教授，真不好意思，他是我的表弟叫查尔斯·达尔文。我们都很喜欢生物学。”

“那么你是学生物的学生吗？”亨斯洛又问道。

“很遗憾我不是。我在基督学院学习神学。我的父亲希望我将来当牧师。我自己最喜欢的是自然科学，我觉得它能够揭示我们这个世界当中隐藏的规则。”

亨斯洛是名虔诚的信徒，历来认为神学和科学可以共存，所以他说“当牧师和研究自然科学并不冲突。我就是一名牧师，上帝是希望信徒们研究他创造的世界的。如果你愿意的话，可以跟你表哥一起到我家里来，我那里每周都有一次聚会，都是一些爱好自然科学的青年，你们应该会喜欢的。”

达尔文听后喜出望外，“那真是太好了！我非常愿意去，请问是今天吗？”

福克斯说：“一般是每周五，我知道教授家住哪里，到时候我们一起去就是了。”他也为受到邀请而非常高兴。

就这样，达尔文结识了亨斯洛教授，成了教授家里的常客。亨斯洛教授家里的聚会果然名不虚传，剑桥大学很多出名的大人物都会参加，也有很多爱好博物学的人参加，这简直是爱好自然科学的青年人的乐园。在这里，达尔文还认识了很多当时很有学术地位的著名学者，比如天文学家、哲学家休厄尔，教育学家道斯，动物学家詹宁士等等。他们之间的聚会和讨论都对达尔文产生了一定的影响。而这些人对达尔文都有好感，觉得这个青年人在科学研究方面很有才能，对自然科学的热爱让人深有感触。这些比达尔文年长的、功成名就的学者们会时不时地组团去长途旅行，还让达尔文同行，这使达尔文受益匪浅。年轻的达尔文当然没有意识到自己此时已经在同龄人中很优秀了，有一位朋友评价他说：“你总有一天会成为皇家学会会员的。”达尔文觉得朋友的说法很不切实际，然而事实证明了，正如朋友所说，达尔文在同龄人中已渐渐崭露头角了。

亨斯洛教授在植物学、动物学、地质学和化学方面知识渊博，待人亲切，温和善良，而且他研究问题的方法都是根据长时间的积累，经过细致观察思考得出来的，这一切深刻地影响了达尔文。两个人之间性情相投，越来越亲近，后来几乎每天都一起散步，学校里几位老师因此称达尔文为“随亨斯洛一起散步的人”，这个绰号比小时候那个“瓦斯”雅致多了。对达尔文来说，亨斯洛教授真可谓是良师益友，他很注意保护达尔文的自尊心和自信心。有一次达尔文观察到花粉管的伸展，以为又是一个新的发现，着急忙慌地跑去告诉亨斯洛。其实这根本不是什么稀奇的事情，早就有人发现了，只不过达尔文不知道罢了，但为了不打消达尔文的兴致，亨斯洛条分缕析地跟他讲解。一个人的一辈子能遇到这样一位好老师，真是一件幸事啊！亨斯洛与达尔文，正如伯牙与子期，更像哥白尼遇到诺瓦拉、牛顿遇到巴罗一样，知音难寻，良师难觅！

亨斯洛教授还说服达尔文去听塞奇威克教授

的地质课。原本达尔文是比较厌恶地质学的，其实他厌烦的与其说是地质学，不如说是之前讲地质学的老师。达尔文一边阅读地质学方面的书籍，一边经亨斯洛教授推荐加入了塞奇威克的北威尔士考察团队。塞奇威克是当时英国最优秀的地质学家之一，能够跟随他去考察，机会实属难得，达尔文为此做了很多准备。

1831 年 8 月初，他们从剑桥出发，向西经过什鲁斯伯里，沿着塞文河上游河谷向西行进，直奔北面的坎布里亚山区。塞奇威克一路跟达尔文讲解他们看到的地质现象，教他识别方法和技巧，采集岩石样品，标出岩石层理以及如何绘制地图。达尔文学习能力很强，并且学以致用，采集了大量岩石标本。他们曾在什鲁斯伯里的达尔文家里住了一晚，同塞奇威克的闲聊让达尔文记忆深刻。事情是这样的，达尔文听说一个工人在附近的砾石坑里发现了一个热带地区大涡螺贝壳，他很想买下来。但塞奇威克斩钉截铁地说这肯定是被后人丢进坑里的，如果真是天然沉积在地层内的话，那将会推翻现有的关于英格兰中部各郡地面沉积层的一切结论，这显然是不合理的。达尔文不由感慨："从前虽然已阅读过各种科学书籍，但还不能从中明确地认识到科学就在于把事实分门别类，借此可推导出一般规律和结论来。”为了考验自己，达尔文曾离开考察队，凭借指南针和地图，独自步行，穿越了荒无人烟的斯诺登山区，来到巴茅斯。这次独立进行的地质考察训练，为他以后的科学考察奠定了基础。他是这样评价这次考察的：“这次旅行在教导我怎样理解一个地方的地质上，具有决定性的意义。”

剑桥大学的最后一年，达尔文读了两部书，并一直认为：“这两部书，对我的影响极其深刻，超过了其他任何一本书、甚至一打书的效果。”这就是洪堡的《南美旅行记》和约翰·赫歇尔的《自然哲学研究入门》，这两部书激发了他的热切渴望，要为建筑高贵的自然科学之宫，尽力提供自己一份最绵薄的贡献。

洪堡（1769—1859），德国自然科学家，近代地质学、化学、生物学、地球物理学的创始人之一。他走遍西欧、西伯利亚和南北美洲，其著作和事迹传遍了欧洲各国，可谓风云一时。赫歇尔（1792—1871），英国年轻的哲学家、天文学家和化学家，青年才俊，21 岁就成为英国皇家学会会员。洪堡在书中对他旅行到过的国家的风土人情和大自然做了生动的描写，他的游记活灵活现，让人印象深刻，以至于达尔文从书中抄录关于特内里费岛的描写，高声朗诵给教授们听，他还常跟朋友们讲述特内里费岛的美丽景色。

在剑桥大学这几年的夏季假期，达尔文基本都用来收集甲虫，阅读书籍，还有几次短途旅行。秋季假期则都用来打猎了，主要还是在美尔庄园和伍德豪斯两地。这段时间可以说是达尔文最快乐的日子了，因为他青春年少，朝气蓬勃，做着自己喜欢的事情。

但是达尔文自己回忆在剑桥大学的生活时，却觉得他在此学校度过的时间，是彻底损失掉了。“因为我对射击和打猎有强烈的爱好，而在不能实现这种爱好时，我又对到乡村去骑马游览发生了兴趣，所以参加了一个游乐的团体，其中有几个品德败坏的浪荡子……我们有时喝得酩酊大醉，放声高歌，还以打桥牌为乐。我明知道日日夜夜用这些方式虚掷光阴，应该感到羞愧，但我的朋友中有几位是热衷此道的，而且我们的兴致都十分浓厚……”。当然，有影响不好的朋友，也有影响好的朋友，其中有一位叫惠特利，达尔文同他感情很深，两人经常一起散步，达尔文被他影响着喜欢上了图画和版画。还有一位爱好音乐的赫伯特，达尔文参加了一个音乐小团体，虽然他自己五音不全，辨音能力很差，但还是很喜爱听音乐。

1831 年夏天，剑桥大学的学习生活结束了，谁也想不到，未来的科学巨匠达尔文先生获得的第一个正式学位是神学学士。剑桥的三年，达尔文不仅学到了许多自然科学知识，也初步迈入了英国上流社会的圈子，因为达尔文的老师几乎都是英国最优秀的学者，他的同学也大都来自有背景的家族。结识这样一些老师和同学，使达尔文在后来的科学考察和科研工作中如鱼得水。从威尔士考察回来后，等待达尔文的是一封将改变很多人命运的信。

第二章
环球历险

登舰风波

19 世纪初，当时正值英国走向“全盛”时代，在英法战争中获得胜利，工商业在世界上取得霸权地位，国内工业革命深入发展，运输技术的进步，使英国成为世界上第一个进入“蒸汽时代”和“铁路时代”的国家。上升时期的英国资产阶级，进一步扩张势力和掠夺资源，派遣了一批批的船队和探险队，到世界各地去进行科学考察和军事探险。

达尔文同塞奇威克考察回家后，家里人就告诉他亨斯洛和皮柯克来信了。二人都跟达尔文说舰长菲茨·罗伊想物色一名博物学家。亨斯洛教授推荐了达尔文，并给达尔文写信：“在我知道的那些可能接受这种工作的人之中，我认为你是最合乎条件的。我这样说并不是假定你是一个完美的博物学家，只是认为你具有充分的条件可以去搜集、观察和注意博物学中任何值得注意的事情……据我所知，菲茨·罗伊舰长物色的，不单单是一个采集家，如果被推荐的人，即使是一个出色的博物学家，而没有高尚的绅士风度，他也不会接受的……总之，对于一个热心有志的人来说，我以为这是一个从来没有的良机。希望你立刻来同皮柯克商量，并且进一步了解一些细节。不要谦虚地怀疑或者害怕你不合乎条件，因为我可以肯定你正是他们所寻找的人。”

皮柯克教授的信中写道：“菲茨·罗伊舰长是一位头脑清醒、勤于职守的军官，并且深受同僚们的爱戴。他曾同比奇舰长一起航行到过南美洲，并且花了一千五百英镑从巴塔哥尼亚买回了三个土著人，自己出钱来教育他们。这次又自费聘请了一位美术家和他同行，年薪是二百五十英镑。因此，您可以相信，您一定会有一位使您非常愉快的同伴，他会诚心诚意尊重您的一切意愿。”皮柯克还告诉达尔文，贝格尔号的起航时间是1831年10月底，海军部不打算给达尔文支付薪酬，但会有一个正式的委任并提供各项设备。

这两封信对达尔文来说简直是天大的喜讯，他喜出望外、激动万分！如果可以去航行，不仅可以实现自己的夙愿，还有可能改变自己的职业生涯啊！他立即把两封信拿给父亲看，罗伯特医生看到信后一方面为自己的儿子受到教授们的器重而欣慰，另一方面却坚持己见，认为航海对“准牧师”来说并不合适。为了打消达尔文的期望，罗伯特医生说：“我反对你参加这种不计后果的冒险活动，而且我明确地告诉你，我不准你去。”达尔文听到父亲的话，心情从最高点一下落到了最低点，失望之情无以言表。教授的信中已经说过了，如果跟随贝格尔号航行的话，自己不会得到什么资助，所以父亲的经济支持是必要条件，得不到父亲的支持，那就意味着即使违反父亲的意愿强行去了，也不会成功。因为达尔文还没有自食其力的能力，而且达尔文向来孝顺，他也不愿意让父亲生气失望。所以 8 月 30 日在给亨斯洛教授的信中他痛苦地谢绝了邀请。罗伯特医生看着儿子沮丧的样子，于心不忍，给达尔文留了一线希望，他说：“要是你能够找到任何一位有见识的人，他赞成你去，那么我将允许你去。”罗伯特和达尔文谁都没想到就是这句话彻底改变了事情的走向。

第二天早上，达尔文应邀去了美尔庄园，准备 9 月 1 号去打猎。乔赛亚舅舅知道了环球航行的事情后，非常赞成达尔文前去进行科学考察，为了说服罗伯特医生，他跟达尔文一起赶回了什鲁斯伯里。达尔文为了说服父亲也动了一番脑筋，他把父亲反对的理由总结出了 8 条拿给乔赛亚看，乔赛亚反复看了几遍后说：“达尔文，你在这儿给你父亲写一封信，说我们全家都支持你去航行，再次请求他的同意。我根据你列出的你父亲的反对理由，写上我的意见，看你父亲再作何回答吧！”

罗伯特医生的第一条反对理由：环球航行与达尔文将来做牧师的志愿是不相容的。

乔赛亚却认为被邀请去航行是一件光荣的事情，这无损于牧师的名声，而研究自然科学对牧师来说也不是相互矛盾的，两者可以兼容。

罗伯特医生的第二条反对理由：这是一个荒谬的计划。

坦诚地说，乔赛亚并不知如何反驳这一理

由，但他了解达尔文是个有目标、有理想的青年，并不是一时头脑发热地去做这件事。他相信达尔文能够持之以恒地坚持他的目标。

第三条反对理由：在邀请达尔文之前，他们应该也请过许多其他人。

乔赛亚说他没有这样的感受，这并不是一件人人都能担当的职务，他读到邀请信时感受到的是尊重、期望与信任。

第四条反对理由：达尔文拒绝邀请后，还没有人接受这个聘请，据此推断这次航行存在很大不可预料的风险。

乔赛亚反驳说从常识推断，海军部绝对不会派一艘破损的军舰出航。环球航行当然会有一定风险，但大部分人还是安全地回来了，航行中所遇到的困难对有些人可能难以克服，但并不能说达尔文不能克服。

第五条反对理由：出去后，达尔文将来就不会再过安定的生活了。

作为达尔文的长辈，乔赛亚很能理解罗伯特的担心。父母都是希望儿女过上安稳的生活的。但这并不能阻止他们前行的脚步。难道出去一次后就不想过安定的生活了吗？情况好像恰恰相反，那些海员都很期望过上安稳的日子。

第六条反对理由：达尔文住的地方不会好。

看到这条，乔赛亚简直要笑了。这与其说是反对意见，不如说像是与海军部谈条件，给他儿子争取更好的资源。乔赛亚在信中安慰罗伯特说，达尔文是经过海军部委任的，他在船上有权利得到应有的安置。

第七条反对理由：环球航行会再一次改变达尔文的志向。

乔塞亚说有关达尔文志向的事情，罗伯特应该比他这个当舅舅的清楚，当医生、做牧师都是罗伯特给达尔文的“志向”，而环球航行进行科学考察才是达尔文一直想做的事情。

第八条反对理由：环球航行对达尔文没什么益处。

乔赛亚反驳道：如果从当牧师的角度考虑，航行好像没什么益处。但换个角度看，这对具有旺盛好奇心和求知欲的达尔文来说却是一个难得的磨炼机会。

乔赛亚当然明白自己身为舅舅是不能替罗伯特做最后决定的，他所说的与所做的都是为了达尔文好，只是与罗伯特医生考虑问题的角度不同而已。历史证明，乔赛亚的做法是正确的。实际上罗伯特一直很钦佩他，觉得他是世界上最有见识的人士之一。因此当乔赛亚和达尔文回到家，给罗伯特看了这封信后，罗伯特遵守了自己的诺言，同意达尔文去航行了。

罗伯特说："恐怕你这次胡闹又要花不少钱了！"在剑桥大学时，达尔文对金钱方面不甚在意，花钱大手大脚，现在他安慰父亲说："上了贝格尔舰后，在钱财方面，我一定拿出神奇的本领来，决不超过您给我的限额。"父亲笑着反驳道："可是大家都对我说，你花钱也有神奇的本领呢！"罗伯特的这句话逗得大家哈哈大笑。

在达尔文一生的几个重要阶段，乔赛亚舅舅都起到了关键作用。如果没有舅舅的帮助，那么谁也无法想象事情会怎么样。达尔文十分感激舅舅，也对父亲最后的让步很感动。虽然之前父亲总是安排自己当医生、当牧师，但在重要关头，他还是支持了达尔文去实现自己的梦想。达尔文本以为过了父亲这关，就可以安然无事准备起航了，谁知好事多磨，又生出些许波折来。

在得到父亲的支持后，达尔文立即写信通知了皮柯克教授，第二天就前往剑桥去见亨斯洛。

到达剑桥时天色已晚不便拜访，只去信一封：“我是刚到这里的。您猜我为什么来？父亲已经改变了主意。我希望那个位置还没有让给其他人。我感到非常疲倦，想休息了。明天早晨什么时候方便到您那里去？请给我一个口头答复……”

第二天早上 9 点达尔文如约去拜见亨斯洛教授，亨斯洛教授告诉他，达尔文的朋友伍德也向菲茨·罗伊推荐过他。在达尔文之前，詹宁士牧师和亨斯洛教授本人都差一点接受这个职务，这些消息听得达尔文心情起伏不定。亨斯洛教授本来都打算去了，结果因为妻子为此事闷闷不乐，拒绝了这个职务。詹宁斯牧师也是因为家人的缘故没有去成，他们两人本身是非常乐意出海航行的。达尔文把这些情况如实地写信告诉了姐姐苏珊娜，当然姐姐知道了，爸爸也就知道了。因为这些情况都说明航行与将来当牧师不是不相容的，在著名学府剑桥，最受人尊敬的牧师并不把航行当作不光彩的事情。

谁知事情又出现了风波。达尔文的朋友伍德收到了菲茨·罗伊的一封信，信中说他已经找到了合适的人选，不用达尔文陪同航行了。这对达尔文真是晴天霹雳啊！亨斯洛也挺失望的，思前想后他觉得不能就此放弃，他建议达尔文尽快去伦敦见见菲茨·罗伊，问问到底是什么情况，还有没有机会最后再争取一下。至此，达尔文有点心灰意冷了，但他还是到伦敦拜访了舰长菲茨·罗伊。

菲茨·罗伊热情地接待了达尔文。他跟达尔文说："我看到伍德的信时，已经邀请了我的一位朋友来担任此职务，他也答应了。但就在您来之前 5 分钟，他给了我一封信说因为职务在身无法去了。"听到这个消息，达尔文的心情真可谓是雨过天晴啊！他立刻表示自己仍然非常乐意跟随贝格尔号去航行，还表达了自己从小对博物学的爱好，出去考察是自己的夙愿，而且这次航行得到了家人的支持和肯定。

菲茨·罗伊听达尔文这么说也很感动，这个职务人选终于可以定下来了。他也坦诚地告诉了达尔文舰上的情况，比如因条件限制达尔文无法拥有自己的房间，只能与别人同住；海上环境恶劣，到达的地方有可能是穷山恶水；达尔文需要支付的费用之类的。达尔文对此表示有心理准备，一定加以克服。达尔文注意到他们俩在谈话期间，菲茨·罗伊一直有意无意地盯着自己的鼻子看。后来达尔文才知道，这位舰长很相信面相学，按照达尔文鼻子的形状看，他应该是没有恒心和决心的人，不可能完成环球航行的艰巨任务。但菲茨·罗伊还是按下了心头的怀疑，当即爽快地答应了达尔文。他还说，如果达尔文受不了海上的生活，那么他完全可以中途返回，航行的路径上有很多英国的来往船只，可以把达尔文带回英国。在进行考察期间，达尔文还有权使用一艘船，还可以在陆地上进行采集工作。听到这些，达尔文心里真是乐开了花，与这个结果相比，其中经历的各种波折都不算什么了。

达尔文对菲茨·罗伊的印象很好，晚年的时候回忆起来是这样评价他的，“他具有非常高贵的秉性；他忠于自己的职务、待人很宽厚、勇敢、有决断和不屈不挠的毅力，而且对待他所有的下属都很热情，像朋友一般。他愿意忍受种种困难，去帮助他认为值得帮助的人。”菲茨·罗伊当时虽然只有 23 岁，但航行经验丰富，1826 年至 1830 年之间，就曾乘坐贝格尔号完成了对火地岛的勘察。随行的军官和水兵都很愿意同他再一次出航，这都说明了菲茨·罗伊出色的能力和人格魅力。

航行在即，达尔文忙于购买航行必需的物品。除了必备的衣服鞋帽和科考用具，他听从了菲茨·罗伊的劝告，买了一把好的长枪和一支好手枪，因为不带枪是不能到岸上去的，除了野兽还有一些野蛮部落的土著人需要防备。9 月下旬达尔文回到了什鲁斯伯里，与家人欢聚，他还特意到美尔庄园跟舅舅一家告别，表姐埃玛没说什么，但从她含情脉脉、依依不舍的眼神中，达尔文读到了期待和希望。

10 月份，达尔文去参观了贝格尔号。这是艘排水量只有 242 吨的军舰，规模较小，全长不到 30 米，说实话，他是有点担心这艘小小的军舰能否可以完成环球航行。达尔文在买完东西后，就到舰上熟悉环境，结识一起航行的军官和水兵们。菲茨·罗伊的助手斯托克斯负责绘图工作，舰上有两个尉官韦克姆和谢利万，一名医生，十名军官，一名水手长，四十二名水兵和八名少年见习水手，一个专门看管仪器的人，一名美术家，一名绘图员埃尔德，一名传教士和三名菲茨·罗伊曾带回来的三名火地岛土著人，这次正好把他们送回火地岛。达尔文同这些人一起吃饭，一起聊天，向他们请教一些专业知识。原本船期定在10月底的，但因为天气及船体维修等原因一直往后推迟。达尔文不免心情抑郁，逆风刮个不停，阴雨阵阵，他很想念家人。这段时间他偶尔感到心脏有点不舒服，但他没有去看医生，怕医生告诉他不好的消息，那么航行就泡汤了。

想想这几个月发生的事情，达尔文的心情大起大落，一会儿惊喜一会儿沮丧，达尔文在给姐姐的信中描述这段时间的心情，“就像是一个朝一条路线奔跑的浪潮，这浪潮靠着无数的小波浪推动前进；而这些起伏的小波浪就是我脑子里不断变化的疑虑和希望”，人生的历程有时真是妙不可言，福祸相倚，波澜曲折，如果没有执着的追求和坚韧的毅力，是不可能从荆棘丛生的地方走出自己想要的路的。广袤的海洋38亿年前孕育出了生命，现在，它又给了达尔文有关生命发展秘密的无穷暗示。

1831年12月10日，天气晴朗，东风袭袭，贝格尔号扬帆起航。哥哥伊拉兹谟斯把弟弟送出了海港，他频频挥手道别，心里默默地祈愿弟弟一帆风顺，考察顺利，平安归来。天有不测风云，刚出港没多久，就起了大风暴，船只颠簸，达尔文头晕目眩，但他还是强忍痛苦坚持着。天气愈加恶劣，军舰无法前行，只能掉转船头开回海港了。达尔文爬上自己房间的吊床，痛苦不堪。很不幸，这种严重的晕船症，一直伴随着达尔文，达尔文就属于那些极少数永远无法适应海上颠簸的人。在当天的日记中，他写道："我从来没有经历过这样的一个夜晚，除了苦痛以外，四周没有什么东西可以安慰；狂风的呼啸声，海涛的咆哮声，军官们嘶哑的命令声和水手们的呐喊声混杂成为一种交响乐，使我永远也不会忘记。"在给朋友的信中他愤愤地写道："我痛恨大洋中的每一道波涛，我的痛苦是没有出过海的人无法想象的。"但他努力保持一个英国绅士的自尊，尽量不暴露出晕船的症状，只在实在无法忍受时才歇息片刻。

日记、书信只是抒发情绪的一种方法，经过了这种心理调整后，他开始为这次环球航行确定考察目标，在这天的日记上他写着：第一是去采集标本，观察标本；第二是阅读能够得到的一切有关自然界的专业知识；第三是做气象观察；第四是研读法文和西班牙文、数学和少量经典著作；第五是每周末读希腊圣经；此外阅读随身携带的几本英文文学书籍以自娱。在这个宏大、困难的计划中，达尔文只有学习数学和阅读希腊文圣经没能完成。

实际上直到 12 月 27 日，贝格尔号才正式拔锚起航。英国海军部贝格尔号的任务是测绘南美洲东西两岸和附近岛屿的水文地图，再进行环绕全球的计时测定工作。它将穿过大西洋沿着南美洲东西两岸和附近的岛屿，横渡太平洋，顺着澳大利亚南侧进入印度洋，然后绕过非洲的好望角回到大西洋，再经过南美洲东岸返回英国。时至今日，贝格尔号之所以让人念念不忘、记忆犹新，被后人屡次提及并载入史册，当然不是因为这些测绘任务，而是因为船上的这位博物学家——查尔斯·达尔文。

圣地亚哥纪行

贝格尔号以每小时七八海里的速度前行，海上的颠簸让达尔文晕得痛不欲生。晕车晕船的痛苦是常人无法体会的，达尔文吃不下、睡不着，同舱的斯托克斯安慰他说：“放心吧，过几天你就适应了。”

达尔文脸色苍白地喘息道：“我觉得自己快要死了，一阵阵的干呕把我的肠胃都要撕裂了。

要是有一副不晕船的肠胃就好了，晕船真的太痛苦了！”

斯托克斯说：“没关系的，第一次航海的人都会感到不舒服。以我们的经验来看，少则三五天，多则七八天，你肯定会没事的。别说你这个第一次出海的人，就是我们这些经常航行的人，有时感觉也没有那么舒服啊！”

达尔文心里很希望斯托克斯说的是真的，盼着自己的身体争气点，赶快适应海上的颠簸。在晕船症很严重的这段时间内，达尔文无法展开自己的工作，他要么躺在自己的吊床上，看看洪堡的旅行记和赖尔《地质学原理》（第一卷），要么到舰长室同菲茨·罗伊聊聊天。

1832 年 1 月 5 日，贝格尔号驶近了达尔文一心向往的特内里费岛。他对洪堡的描写印象深刻，甚至能背诵如流，这次终于可以饱赏美景了。谁知船还没靠近岸边，就被迎面驶来的小船挡住了去路，对方船上的西班牙官员通知他们，欧洲目前正在流行霍乱，贝格尔号从英国而来，必须进行隔离检查，要等 12 天之后检查结果没问题才能上岸。菲茨·罗伊不愿在此逗留这么长时间，当即下令扬帆前行，达尔文没有理由、没有立场、也没有权利对此表示异议，只能把失望和沮丧深埋心底了。达尔文依依不舍地望着逐渐远去的泰德峰，山峰上面的曙光是达尔文“永远无法忘记的让人神往的日子中第一天的曙光”。

晕船的症状没那么严重了，达尔文开始着手自己的工作。贝格尔号正在行驶过热带地区，达尔文趁着风和日丽，在船尾制作了一个沉入水中一米多长的网来捕捉海生动植物。他隔几天整理一下网中的收获，这些在船上的人眼中是一文不值的垃圾，在达尔文眼中却是值得研究一番的宝贝。他将捕捉的动植物一一鉴定分类，记录下来，还把一些特殊的水生动物解剖观察。有一次他拿起一只形状像手提包的海鞘，冷不防地被它喷了一脸的水，引得周围看热闹的水手们一阵大笑。大家看他对这些小东西都这么仔细研究，不由得佩服达尔文认真的态度。

还有一次，甲板上不知道从哪儿落下了一堆灰尘，菲茨·罗伊让人把达尔文喊来，看看这到底是一堆什么东西。达尔文小心翼翼地捏起一小撮放在手心里仔细观察，“这是熔灰岩，可惜太少了，再多一些就更容易观察了。”一名水手说，“桅杆上还有。”达尔文想让斯托克斯爬上去再弄一些下来，菲茨说：“不行，风太大了，爬上去太危险了。”达尔文却不想放弃这次机会，他决定自己试着爬上去。水手们在桅杆底下看着他，大风一阵阵地刮过，看得人们心惊肉跳。菲茨大感意外，他本来也是为了大家的安全着想，没想到达尔文这么认真，想当初自己还差点因为达尔文的鼻子认为他缺乏毅力不让他上船呢！达尔文可没这么关心别人对他的看法，他的注意力都在这些熔灰岩上，他把这些灰尘放在显微镜下观察，惊喜地发现灰尘里有很多微生物。他把这个结果讲给舰长菲茨听，舰长不明白在荒漠般的海洋上，这些熔灰岩从哪里来的，而且当中还有微生物。达尔文推断这些灰尘是在南美洲刮过的风中携带而来，但是这些小生物为什么也在其中被吹过来了呢？达尔文为此绞尽脑汁，而作为虔诚的信教徒，舰长把这归为万能的上帝。见达尔文做这些科学研究，一个人忙忙碌碌，舰长指派水手科文顿做达尔文的仆人。达尔文一开始觉得科文顿性情有些古怪，不太中意他。但经过一段时间的相处，对他有了一定的了解后，觉得作为自己的助手颇为合适，遂耐心地教他猎取鸟兽，制作标本，应对杂务。科文顿的帮助使达尔文的研究效率大大地提高了。

经过一段时间的航行，达尔文和舰上的人更加熟悉了，特别是和舰长菲茨·罗伊。舰长的脾气虽然有时比较暴躁，但他挺喜欢同达尔文吃饭聊天。最主要的是达尔文对科学考察认真负责的态度以及友善的性情，让人很有好感。水手们不仅钦佩达尔文渊博的知识，更惊异于他高超的捕捉技术，那些海中的动物就不必说了，就是飞到舰上的蟋蟀，达尔文都能用一只镊子夹住它，为此达尔文得到了一个“扑虫能手”的绰号。还有一个也是大家经常叫的，那就是“和舰长一起吃饭的人”。这个雅号和达尔文在剑桥的那个“随亨斯洛一起散步的人”简直是绝配！

1832 年 1 月 16 日，贝格尔号在圣地亚哥附近的普拉亚港停泊，普拉亚港是佛得角群岛中最大的岛屿了。远远望去，港口周围似乎一片荒凉，达尔文对此有些疑惑，因为这与洪堡书中描写的美丽迷人的热带风光迥然不同。但当他一上岸，看到新奇的昆虫四处飞舞，芭蕉、棕榈青葱茂盛，各式鲜花争奇斗艳，天空中鸟鸣雀叫，心中的疑虑终于打消了。洪堡的旅行记果然没有夸大其词，但书中描绘的再形象逼真也没有自己眼前看到的景色让人目眩神迷。达尔文在当天的日记中写道："这一天对我来说是永远不能忘怀的，我就像一个瞎子重见光明一样。我为我所见到的东西而倾倒，我对自己的所见无法准确地理清。"当看到那棵据说已 6000 多岁的非洲猴面包树时，达尔文再也不为没看到特内里费岛上的龙血树而遗憾了。

贝格尔号在圣地亚哥停泊了三周，达尔文总是日出而走，日落而归，每次回来都灰头土脸，但他乐此不疲，因为这个地方每次都能让他收获很多标本。同室的斯托克斯忙于绘制此地的地图、水文图等，达尔文将背回来的"宝贝"哗啦啦地倒在舱里唯一的桌了上，兴奋地对室友说："嗨，斯托克斯，我真觉得自己像一头站在两捆干草中间的驴，不知道吃哪边的草了！"看着达尔文兴高采烈的样子，斯托克斯取笑他说："那你就一边一边地吃呗！不过，你能不能把这些还活着的'宝贝'放到瓶子里去？搞得舱里都是腥味了。"达尔文抱歉地说："哎呀，你瞧我，我马上就放，先生！"原来达尔文的"宝贝"里可不只有标本，还有各种活着的鱼、鸟、昆虫。

达尔文凭借着敏锐的观察力和耐心细致的特

点，注意到岛上的金合欢树的树枝、树叶都是弯曲的，而且呈现出一定的规律性，向北面生长的倾向于东北，向南面长的倾向于西南。达尔文思前想后，才弄清楚是风向的缘故导致这种弯曲的现象。植物树木真是大自然的风向仪啊！

达尔文还特别擅长学以致用，在晕船的日子里他读过赖尔的《地质学原理》，这部书是上船前亨斯洛教授推荐给达尔文的，有意思的是亨斯洛虽然让达尔文读，却告诫达尔文不要相信书中的观点，因为亨斯洛笃信居维叶的地质灾变论。简单来说，法国居维叶（1769—1832）的《论地球表面灾变》根据各大地质时代与生物各发展阶段之间的“间断”现象，提出了“灾变论”，他认为地球曾发生过多次周期性的大灾变，造成了生物类群的“大绝灭”，然后上帝又创造出了新的物种。这种观念与《圣经》的观点相一致，因此在当时占据了统治地位。而在科学界任何关于灾变论的驳斥，都成了科学与神学之间的斗争。赖尔经过长年的地质考察，在《地质学原理》中提出了地球缓慢变化的理论，他认为自然界本身的力量造成了地球的变化，风吹雨打、电闪雷鸣、潮起潮落、海洋冰川、火山地震等因素都在漫长的时间里对地球产生着影响。

达尔文对赖尔的理论感到耳目一新，他十分尊敬亨斯洛教授，但“吾爱吾师，吾更爱真理”，赖尔所说的让他觉得很有道理，赖尔和居维叶到底谁更接近真理呢？达尔文当然不会感情用事，他想在自己的考察中验证理论的正确性。他带着助手科文顿沿着岛上的河流捡石头，有他认识的火山岩、石灰岩，还有他不认识的石头，他按照赖尔的方法标明岩石在地层中的次序，再把同岩石层中的化石贝壳层的分布情况结合起来，最后同现存的生物加以比较就可以断定这个地区的地质年代了。达尔文深深地感受到了赖尔理论的科学性，能够联系实际的理论，被事实证明过的理论才是真理。

按照赖尔的考察方法，那些看起来杂乱无章的石头变得井然有序，岩石的分布是有一定规律的，层次分明。但仅考察这个小岛显然是不够的，达尔文打算把将来要经过的地方的地质状况都考察整理一遍，通过自己的研究来验证赖尔理论的准确性，甚至自己也写一部地质学的书。晚年的达尔文还清楚地记得这个想法闪现时，自己兴奋得全身发抖，“这真是我一生难忘的时刻啊！

我还能清晰地回忆到当时我正坐在这个岛的低矮的熔岩峭壁下的海滩上休息，火热而炫目的阳光照耀着我；附近生长着几种奇异的荒漠植物；而在我的脚边，还有活的珊瑚体，它们生活在退潮后留下的水潭内。”

达尔文不仅对地质学感兴趣，色彩鲜艳的热带植物、飞腾欢跃的乌鸦鸟雀、生龙活虎的海陆动物都让他兴趣盎然。甚至岛上的居民都让他很有兴趣，他注意到黑人和混血儿小孩子的智力差异以及黑人天生活泼快乐的性格。达尔文在家信中写道：“日子过得愉快极了，确实没有比这更愉快的了；我每天都很忙，这忙碌既是一种职责，也让我乐在其中。自从离开特内里费岛后，我觉得自己没有闲过半小时。”三周的时间转眼即逝，忙于游览考察的达尔文收获极其丰富，迷人的热带风光给他留下了深刻的印象，这些都成为永久的记忆，让达尔文回味无限。

到达巴西之前，贝格尔号在费尔南多迪诺罗尼亚的小岛边停泊过，这是巴西流放犯人的地方。岛上遮天蔽日的密林，有柑橘树、番瓜树、香蕉树、椰子树等果实累累的树木，这些茂盛的热带植物使他印象深刻。他在给父亲的信中写道："热带中最使人惊异的是植物的新奇形态。椰子树虽然可以根据图画想象出来，不过这里的椰子树极其轻巧，这是任何一种欧洲树所不能比拟的。香蕉树和芭蕉树同温室中的完全一样，金合欢和罗望子的蓝色叶子使人惊异；还有壮丽的柑橘树，无论是用语言还是画笔都无法描绘出它们的壮丽。我们温室中的植物都有一种不健康的绿色，而本地的树木则比葡萄牙月桂颜色深一些，树木的形状姿态之美远远超过了我们那里的品种。"炎热的天气也没有影响达尔文舒适的心情，他在自己的吊床上睡了几个安稳踏实的觉。

1832 年 2 月，贝格尔号穿越了赤道。按照海上的惯例，第一次穿越赤道的白种人要进行"剃面术"。达尔文和其他人挤在甲板下的舱室内，舱门关着，室内密不透风，四个充当"海神"卫兵的水手们把他们一个个蒙上双眼，四个人同时把四桶冰水泼在他们身上，再把他们一一放在木板上，把油漆颜料涂抹在脸上，再把他们倒栽葱似地翻进帆布做的浴盆里，按住脑袋折腾几下，最后再解开蒙眼布，仪式才算完成。这种恶作剧式的仪式让达尔文很厌恶，只是水手们乐此不疲，其实与其说是迎接海神的仪式，不如说是单

调枯燥的海上生活的一点调味剂，找个由头大家可以不分上下级地在一起放松狂欢一下罢了。

巴西纪行

1832 年 2 月 28 日，贝格尔舰乘风破浪到达了巴西的第一站，巴伊亚市，这座巴西东部最大的城市是往来船只补给淡水和食物的重要地点，贝格尔号也是来此地补给东西的。这里的风景与洪堡在书中所描述的简直一模一样，达尔文更佩服洪堡了。这座古城耸立在海湾之上，为热带植物所环绕。因天气炎热，这里的房子都漆成了不吸热的白色，窗户高大而狭长，显得轻快、优美。

达尔文游览了附近的热带森林，搜集各种动植物，他在日记中写道："城市的美景是无法同植物相媲美的……站在巴西的大森林里，此时此刻你所感受到的那种心旷神怡的感觉真使人神魂颠倒，你的眼睛想注视一只飞舞的花蝴蝶，却会被树木或果实所吸引；你想观察一只昆虫，却会被昆虫爬向的花所迷住；你想赞美眼前的景色，却会被更辽阔的远景所牵引。身处此地，心里充满了对大自然的赞美之情，这种感情又形成了一种对时间、对未来更加神往的心情。"

自然界的一切吸引他，当地居民的生活也吸引着他。一次在一个类似咖啡馆的地方，达尔文作为一名“老外”被一些黑人妇女和小孩围观了，他说：“我不知道，究竟是他们引起了我极大的兴趣，还是我引起了他们极大的兴趣，他们对我的除蝇网、手枪、罗盘很惊奇，当这些东西从我的口袋里掏出来的时候，他们就大喊着‘罪恶呀，满满的罪恶’。毫无疑问，他们把我的装备都当成‘魔鬼的法宝’了。当我和他们分手的时候，那些黑人妇女极其尊敬地向我鞠躬道别，那美好的姿态我敢说连穿着晚礼服的贵妇人都赶不上。”达尔文在奴隶制盛行的地方，热情地赞美他们，足以表明他对奴隶制的厌恶了。他发现当地居民大部分都是黑人奴隶，繁华的街道中，所有笨重的体力活都是黑人在干，商店仓库的周围团团聚集着很多黑人在等着派活。达尔文第一次亲眼看到了真正的奴隶，见识到了美洲的奴隶制度，心慈仁善的达尔文心里又难过又愤怒。

3 月 18 日清晨，贝格尔舰驶出了巴伊亚，再次奔向了蓝色海洋。大海永远是变化莫测的，离开巴伊亚的第二天，小小的贝格尔舰遭遇了海上龙卷风。这次恐怖的经历被记在了达尔文的日记中，船的斜前方扭曲地聚集了一堆黑色的云，呈一个细长的牛尾巴状，强烈的旋风裹挟着海水翻卷而来。甲板上的人几乎站不住了，这时只听轰隆隆地几声炮响，旋转而来的龙卷风逐渐消散开来，停了片刻，被炮火打散的云团展示了自己的余威，那就是猛烈而短暂的暴风雨。达尔文早已支撑不住，踉跄地回到了舱里，惊魂未定地爬上了吊床，幸好这种龙卷风来得快去得也快，没过多久船身慢慢地平稳了，大自然毁天灭地的力量真让人感到可怕啊，达尔文不由得感叹起大自然的威力，心怀敬畏地记下了这次难忘的经历。

1832 年 4 月 4 日，贝格尔舰在傍晚的余晖中驶进了里约热内卢的港湾，这个海港是当时世界上地质构造最漂亮的一个港口，英国皇家海军南美洲基地就设在这里，因此这个港湾来来往往穿梭着很多商船和舰队。还有更重要的一点，里约港是英国邮件的分发地，离家已半年的达尔文很想念家人，他期盼着在这里收到唐恩庄园的来信。

第二天一大早达尔文就起床了。这座港湾的景色在白天才完全地展现了出来，里约当时是巴西的首都，坐落在群山之下，俯视着广阔海湾，里约港水天一色，各国船舰星罗棋布。菲茨·罗伊告诉达尔文，贝格尔舰要在这个基地长期停留，测量附近的水文情况、绘制海图，他建议达尔文和船上的画家爱尔一起住在岸上，节省时间进行实地考察。爱尔对里约很熟悉，达尔文欣然同意和他在岸上租住。

达尔文心心念念的信件终于送来了。水手们一拥而上地找自己的信件，达尔文费了好大地力气才拿到自己的四封信，两封是姐姐和妹妹的信，一封来自美尔庄园，还有一封来自他最尊敬的老师亨斯洛教授。对这些远离故土的人们来说，信中的每一个字都被这些离家的游子摩挲了千百遍，真是“数行家信抵千金”啊！

爱尔在离市区较近的地方租了一所漂亮的房子。达尔文用了将近两周的时间，对巴西内陆进行了考察。他穿过了荒无人迹的沼泽地、盐水湖，有的地方尽管有客栈，却简陋得连面包都没有。内陆森林茂密，达尔文依然被热带植物所吸引，“那些寄生植物、特别是兰科植物开放出来的奇花异草，那些鲜绿色的树状羊齿及其弯曲得很精巧的叶子，那些同别的树交叉生长的棕榈树，特别是西印度椰子树，它枝干纤细得用巴掌就可以握住，优美的树冠在 12 至 14 米的高空中摇曳生姿。”森林的环境复杂，一些小动物比如蜂鸟、雨蛙、蚂蚁、蜘蛛、黄蜂等为了生存而具备一些神奇的本领。不论是动物还是植物，它们都有一些不可思议的生存技能，达尔文不由得感叹起造物主的智慧。但他的脑子中又闪现过一个问题：万能的上帝既然为这些动植物创造出生存手段，又为什么创造出敌人来呢？这个问题与当初问亨斯洛教授的那个问题是类似的，达尔文对此依然没有答案。

沿路并不只有这些迷人的景色，还有蜿蜒的群山。达尔文一行人在这些险峻的山沟里发现了一些见人就逃走的黑人，他们藏在这种危险的地方躲避士兵的追杀。达尔文听当地人说，有一个老妇人为了不被抓回去做奴隶，跳崖自杀了。达尔文十分钦佩这种追求自由解放的精神，他在日记中赞叹：“这种行为，如果发生在一个罗马妇女身上，就会被认为是一种崇高的对自由的热爱，而对一个贫穷的黑人妇女，就要说她是冥顽不灵了。”当然也有一些比较富裕的农场，这些农场养了很多牲畜，农作物收成也不错，对达尔文一行人的到来很欢迎。但有一件事让他极为气愤，那就是庄园主人对待奴隶的态度简直恶劣不堪，他们甚至随便卖掉奴隶的妻子儿女。还有一件事让他很吃惊，他在《考察日记》中写道："一个比较笨的黑人渡我过河。为了向他说清楚我要干什么，我就离他很近的大声说话并比画手势，大概离他的脸太近了，他以为我生气想打他，因此他突然大惊失色，半闭眼睛，绷紧身体，垂手而立。一个体格那么强壮的成年男人，在他以为自己就要挨打的时候竟然不敢自卫。看到这种情形，惊奇、厌恶和羞愧的感觉交织在我的心中，使我永远无法忘记。这个人被弄到如此屈辱的地步，甚至连最没有自卫能力的动物也不如。"

达尔文对奴隶制越来越痛恨了，与这些黑人的接触使他不仅同情他们，还非常喜爱他们的勤劳善良。早在爱丁堡大学时期，他就向黑人约翰·爱德蒙斯通学习制作标本的技术，二人结下了深厚的友谊。在给家人的信中，他对黑人不吝赞美："在我离开英国以前，有人曾对我说，在实行奴隶制的国家住过一阵后，我的见解就会改变的。但我所能觉察的唯一改变却是，我对黑人的性格有了更好的评价。看到一个黑人而不对他发生亲切之感是不可能的，他们都是有着那么愉快、坦率、忠实的表情和那么俊美、强壮的体格。”更令达尔文气愤的是，反倒是那些看起来彬彬有礼的绅士，衣冠楚楚的官员，表面上是负责禁止贩卖奴隶的，背地里却支持买卖奴隶。

达尔文曾因为奴隶制的事情与舰长菲茨·罗伊发生了冲突。在巴伊亚时，菲茨就曾在达尔文面前吹嘘奴隶制度的优越性，他认为这是驯服野蛮人的最好方法，他们在庄园里有吃有喝，还受白种人的教育，每个人都应该求之不得呢！他还同达尔文讲：他刚去访问一个大奴隶主，主人把家里的很多奴隶召唤来问他们生活得快乐与否，是否愿意恢复自由，奴隶们异口同声、毕恭毕敬地回答生活得很快乐，不愿恢复自由。达尔文听菲茨这样说，简直有点怒不可遏了，遂反问菲茨：“您有没有想过，您怎么能保证奴隶们在他们的主人面前所做的回答是真实的呢?”高傲的菲茨当然忍受不了达尔文的态度，最重要的是达尔文的这个问题表明了他对自己所拥护的奴隶制的怀疑，这是他一时无法接受的，所以他怒气冲天地说两人无法像之前那样友好相处了。达尔文虽然在他的舰上，但也不会为了这件事卑躬屈膝，只是猜测自己应该享受不到之前优越的待遇了。没想到，几个小时后，菲茨就派来一位军官向达尔文道歉，这无疑表现出他宽宏的态度。但是问题并没有解决，二人深知谁也说服不了谁，为了避免尴尬，两人都心照不宣地避免再谈奴隶制的话题。

贝格尔号在这段时间里返回过巴伊亚一次，去复核测绘数据。但就是这次返航的过程中，贝格尔号上的三名船员得寒热病死了，大家心情都很沉重。大家相处的日子虽然不长，但都是惊涛骇浪里活过来的，感情自然较平常深厚些。每个人的心里都祈祷再也不要有任何伤亡了。

7 月 5 日，要离开里约热内卢向南航行了，达尔文抓紧时间给家人写信，告诉他们这几个月来的生活，“我经常到茂密的森林中去。我所体验到的愉快心情，真是无法用笔墨来描述。我已经采集到数量极大而且是前人从未记述过的动物……一直到老，我都不再缺乏研究和自娱用的资料了。”写着写着，船舱外暴发出了欢呼声，达尔文赶紧跑出来看发生了什么事。原来船舷两侧出现了上百只海豚，它们随着船游行跳跃，像欢送他们一样。达尔文站在甲板上，突然间百感交集。因为他刚得到消息，贝格尔号改变了航期，从原定的两年延至四到五年，这真是出人意料啊！达尔文不禁问自己，如果预先知道要在海洋漂泊五年，如果知道晕船症无法恢复，知道要目睹很多人间残酷与罪恶，当初还会对这次远航欣喜若狂吗？刚刚 23 岁的达尔文在出海的半年之间迅速成熟了，他深深意识到正与自己的故乡渐行渐远，自己那充满阳光的青春岁月也一去不复返了。然而，航行才刚刚开始。

7 月 25 日，贝格尔号到达了拉普拉塔河口，这里的水又红又脏，但没有风波，比较平静。26 日，贝格尔号驶进蒙得维的亚海湾短暂停泊，达尔文抓紧时间上岸考察。他第一次看到了美洲的鸵鸟，在当地高楚人的帮助下，他知道了雌鸵鸟为什么集中下蛋，因为当地气温高，在繁殖季节三天才下一个蛋。一共要下十几个蛋，如果不集中下蛋，早生的蛋就变坏了。达尔文很擅长同这些土著居民交朋友，从他们身上得到了很多有用的知识。他到郊外收集标本时打到过重达四十多千克的水豚，还捕获了一些南美蛇和蜥蜴。最喜爱的甲虫是他每到一个地方都会搜集的。从出海到现在，他把这些收集到的东西，都包装封存好，贴上标签，整理好目录，一部分邮寄到亨斯洛教授那里，一部分寄到唐恩庄园。小小的船舱是装不下达尔文的这些宝贝的。

贝格尔号沿着海岸线继续向南驶去，不幸的是，他们在布兰卡海湾遭遇暴风雨，锚被折断，榴弹炮也从炮位上滑落，搞得贝格尔舰差点搁浅。多亏菲茨舰长指挥得当，否则全船的人说不定都以大海为墓了。菲茨在布兰卡认识了当地捕海豹的帆船主，他灵机一动，决定租用两艘小帆船进行测绘工作，贝格尔舰在此地修整好后返回蒙得维的亚再去火地岛，这样就能按时完成勘察任务了。

10 月 17 日，贝格尔号离开布兰卡，驶向蒙得维的亚。达尔文给亨斯洛教授写信，特意告之自己把重要的搜集品寄给了他。贝格尔号还去了布宜诺斯艾利斯，中间又返回蒙得维的亚，11 月 28 号向火地岛驶去，12 月 17 日抵达火地岛。火地岛位于南美洲的最南端，中心是合恩角，在麦哲伦海峡以南。岛上的人用点烟的方式互通消息，并因此而得名。麦哲伦把此地命名为“火地”，来形容它可怕的自然环境。在达尔文眼中，“这里的气候是接连不断地刮风、下雨、降冰雹、飘雪花，甚至连空气也好像要比其他地方的空气更加阴沉似的。这些高山上的唯一居住者是原驼，它那尖锐的嘶叫声常常打破这里的寂静……在这静寂的荒地里，死亡气息比生机更占上风……这里群山重叠，山间溪谷幽深，山上覆盖着浓密、阴暗的丛林，不得不承认，这景色自有一种神秘的雄伟之气。”火地岛大小山峰耸立，到处是湍急的山涧瀑布，几乎没有平坦的地方，动植物贫乏，爬行纲动物几乎没有，只有少量的蝙蝠、狐狸等动物，但海中的生物很丰富，特别是海藻。

当地的土著人生活环境恶劣，住的地方连兔子洞都不如，只用一些干草、芦苇、树枝搭建而成，卧地而眠，衣不蔽体，蓬头散发，以打捞为生。当捕不到食物时，他们甚至会杀掉年迈无用的妇女来充饥。这是真正的野人，达尔文在给亨斯洛的信中写道：“当我们驶进好结果湾时，我永远不会忘记欢迎我们的一群火地岛人发出的那种喊声。他们坐在一座悬崖之巅，四周是山毛榉构成的阴沉森林。当他们用双手在头部上方野蛮地转动的时候，他们的长发飘动着，这时他们好像是另一个世界中激动不安的精灵。这些野人与居住在更远的西方一带的野人不同，他们身材都很高大。他们披着羊驼皮做成的斗篷，驼毛向上。他们的皮肤是赤铜色的，头发又长又直，脸上画有两格横带纹：一条是白色的，在眼睛的上边；另一条是红色的，从双耳到嘴边。他们的样子既可怜、温顺，又恐惧、惊慌，他们发出的声音含糊不清，喉音很重，咔嚓咔嚓地响。”面对达尔文这些外来者，有些部落的人对他们充满敌意。土著人尚且食不果腹，达尔文一行人吃住就更困难了，但对自然科学日益强烈的兴趣，支持着达尔文忍受一切艰难困苦。

贝格尔号几次想绕过合恩角，都被暴风雨给逼回。大西洋和太平洋在此处的交汇，致使天气情况很复杂，西风强烈，海面波涛汹涌，是全球环境最恶劣的航道之一，很多船舰消失在这片海洋中，因此合恩角又有“海上坟场”之称。以今天的科技发展水平，很多船只都不敢轻易取道合恩角，更何况一百多年前的贝格尔号。他们只能等风流平静时前行，1833 年 1 月 11 日贝格尔号抵达约克·明斯特尔山附近，结果风暴又袭击开来，菲茨舰长放弃了原先的围绕火地岛向西岸航行的计划。不知不觉，航行已进入了第二个年头。

马尔维纳斯群岛

除了自然考察，达尔文最高兴的莫过于在里约热内卢、蒙得维的亚、布宜诺斯艾利斯等这样的大港口停泊时收发信件了。他在信件中会问候家里的每位亲人，相隔千万里，家里的老保姆都让他感到亲切。有几件事让达尔文一直觉得于心不安，首先就是他在外面的花费，他还清楚地记得自己跟父亲保证过改掉乱花钱的毛病，每一笔钱都精打细算，自己毫无收入，都靠父亲的资助，所以他时常往家里寄回账单，告诉父亲自己遵守了自己的诺言。其次就是他收集的物品又多又重，寄往英国的费用高昂暂且不提，只收寄就要常常麻烦哥哥姐姐。其实这些担心当然是多余的，达尔文出外远行，家里人能够收寄东西不仅不是麻烦，而是一件幸福的事情，因为亲情无价啊！达尔文在家书中除了表达对自然科学的热爱之外，就是倾吐对亲人的思念了。

1833 年 3 月 1 日贝格尔号到达了马尔维纳斯群岛的伯克利湾。此后数月间，贝格尔号向内格罗河驶去，沿途在蒙得维的亚、马尔多纳多、巴伊亚等地停泊。达尔文一直留在陆地上进行深入的考察工作。他多次深入阿根廷腹地，之前考察过的布兰卡、蓬塔阿尔塔他又去过几次，潘帕斯草原、马尔多纳多、三拉多河岸都留下了他的足迹。

南美洲南端最高的山峰名为达尔文峰，这是1833年1月菲茨·罗伊以达尔文名字而命名的。在一次深入内地的勘测中，大家在河滩上休息，突然附近冰山上发出了一声巨响，一块巨冰断裂开来，并迅速地砸向他们旁边的河里，激起的巨浪眼看就要扑向他们拴在岸边的小船。如果船被砸坏，那他们将失去全部的生存用品。说时迟那时快，达尔文眼疾手快，猛地冲过去拼命地把船往河滩上拉，其他人见状赶紧去拉另一条船。大家齐心协力避免了一场灾难的发生。第二天，菲茨舰长遂召集大家宣布这片水域命名为“达尔文湾”。一年之后为庆贺达尔文的生日，菲茨·罗伊又将此地最高的山峰命名为“达尔文峰”。

马尔维纳斯群岛可以算达尔文环球考察的一个里程碑，因为除了找到许多有价值的化石，他还发现了岛上一种特有的狐狸，它们体形较大，性情温顺，与大家印象中的狐狸很不一样。而且在马尔维纳斯最大的两个岛上，同一种类的狐狸竟然在体型、颜色上有明显的差异。所以问题又来了，上帝故意在相邻的岛上创造出两种狐狸吗？但它们明明属于同一种类，上帝的目的何在呢？达尔文依然没有答案。

潘帕斯草原离此处不远，“潘帕斯”的意思是没有树木，因气候干燥，这里最多的是低矮的植被，因此牛羊成群，畜牧业发达。达尔文带上了猎枪准备捕猎当地的鹿和鸵鸟。他注意到这里的鹿散发着一种浓烈的气味，并且它们不怕打枪的人，却怕骑马的人。还有草地上经常出现些乱拱乱钻的像鼹鼠似的吐科鼠，这种小啮齿动物的眼睛很多都看不见，像个睁眼瞎子似的在地里拱来拱去。这不禁让达尔文联想到拉马克所说的，器官的用尽废退问题，即器官如果不使用就会出现衰退的现象。

现在有一种鸵鸟就是以“达尔文”的名字命名的，谁也想不到这只鸵鸟是被科文顿射中的，当达尔文想好好研究一下这种形状奇异的鸵鸟时，这只鸵鸟已经快被科文顿和高卓人吃干净了，达尔文只来得及抢救下来些头骨、颈部、腿部和一部分的皮毛来制作成标本，这个一百多年前的标本至今还陈列在剑桥的博物馆里。潘帕斯简直是猛禽的天堂，卡拉鹰、大兀鹰、康多鹰时常在天空盘旋，达尔文在他的《考察日记》中对它们的生活习性进行了详细的描述，至今还具有很高的科学价值。拉普拉塔草原上最多的鹰是巴西卡拉鹰，但这种鹰在逐渐往南的地方慢慢就看不到了，与拉普拉塔同一纬度的马尔维纳斯群岛上面也看不到这种鹰的影子，这种物种分布问题总是浮现在达尔文的脑子里。

当地的居民是高卓人，他们是外来的西班牙人和当地印第安人的混血后裔。他们体型都很修长匀称，面容俊美，骑上骏马，姿态剽悍得像强盗似的，但他们为人和善，友善好客。海上生活让达尔文看起来有点不修边幅，此时的他一脸的大胡子，还有点谢顶，看起来比较年长，这让高卓人对他很尊敬。高卓人用一端系着很沉重的球的长绳子来捕捉动物。达尔文也尝试了这种新奇的打猎方式，没想到鸵鸟没套住，套住了自己的腿，惹得当地人哈哈大笑。打猎虽然收获不多，但在布兰卡海湾的阿尔塔海滩，达尔文有了重要发现，那就是古代哺乳动物的骨骼化石。这具化石比较庞大，附近地层还有一些零碎的颌骨、下颚骨，花费了几天时间才挖完。达尔文对照《动物志》比较了那块大颌骨，确定它是一种古代的大懒兽。这种类型的动物，此地现存的还有不少，只是体型小了很多。显然，这里的树懒科动物同这块大懒兽化石有着紧密的联系。而化石是不会由《圣经》中的“大洪水”等“大灾变”造成的，这里没有任何灾变的痕迹，化石也不会在短时间形成，因此达尔文更确信赖尔的地质学理论的科学性。他本想继续挖掘这些化石宝贝，奈何天公不作美，一连八九天的暴风雨使达尔文和科文顿无法出行。达尔文当然不会浪费宝贵的时间，他把挖出的化石整理了一番，可以确定的化石有剑齿兽、大懒兽、厚皮兽，还有一种形状像犰狳的四足兽和一种早已绝种的马。他觉得剑齿兽外形最特别，从牙齿上看，像陆地上的啮齿类动物，从五官上看，又像儒艮和海牛，其他部位又跟厚皮动物相似。这让达尔文很奇怪，为什么一种动物的身上集中了几种现在动物的特征呢？它们之间有什么关系呢？达尔文当然没有意识到，面对着眼前的远古遗迹，大自然正在向他展示“秘密中的秘密”，即物种的起源问题，他的思考早已超越了赖尔的思想，正在向这个秘密一步步地靠近。

一些大庄园的农场主很热情好客，但他们表现出来的愚昧无知也使达尔文感到吃惊。达尔文带的罗盘、火柴他们都觉得非常神奇，甚至提出英国、伦敦和美国是不是一个地方，船上的人为什么天天洗脸，南边冷还是北边冷这些问题，简直让人哭笑不得。达尔文一边耐心地回答，一边在心里感叹文明对这些人来说显得多么遥远啊！

赖尔的《地质学原理》第二卷，达尔文去年11月份在蒙得维的亚港时就收到了。赖尔的这部书对达尔文有比较特殊的意义，因为这卷书的主要内容是讲物种问题的。该书对关于物种的变异性、杂交以及受外部条件影响而发生变异的遗传性做了一定的研究和分析，并客观地评价了拉马克的进化论，最后阐述了自己对物种问题的见解。赖尔在批驳了居维叶的灾变说之后，就面临着解释新物种的起源问题。他认为物种的起源是“秘密中的秘密”，最难以解开的谜。在书中他批驳了当时流行的物种成群创造论，但他依旧认为物种是上帝创造的，不是成群地创造，而是用某种神秘的方法一个个地创造出来，来代替已灭绝的物种。达尔文虽然因为《地质学原理》的第一卷很佩服赖尔，但并不完全相信赖尔第二卷的观念，达尔文相信的是摆在面前的事实。面对各种各样的物种，达尔文确实面临着物种起源和分界的困难，他隐约觉得每一物种的变异都有一定的限度，这才使各个物种之间有着千丝万缕的联系。但毋庸置疑，赖尔的书向达尔文展示出了广泛的物种起源的理论问题，物种的变异性与遗传性问题，这些课题将由达尔文在不远的未来继续研究下去。

这一年的 3 月 1 日到 4 月 6 日，达尔文的考察地点主要集中在马尔维纳斯群岛。4 月 28 日至 7 月 23 日，在马尔多纳多（乌拉圭）旅行考察；8 月 3 日至 8 月 24 日，他从内格罗河河口向北至布兰卡港口，后来改变计划到了布宜诺斯艾利斯，沿着阿根廷的海岸旅行考察，达尔文对河岸上的巨砾很感兴趣，他推断这些巨砾是从遥远的安第斯山脉冲到这里的。他还参观了生产优质食盐的盐湖，观赏了湖上的火烈鸟。达尔文研究了这些湖泊的生态环境，发现湖内的含盐量很高，没有什么生物，但湖四周的淤泥里有很多微生物，达尔文在日记中说：“这里是一个特殊的、闭关自守的小小生物世界，正好适应于这种内地咸水湖，生物能在这种环境里生活，还真是奇妙啊。”达尔文走过的地方越多，见过的生物也就越多，他越来越觉得生物的习性多种多样，而且和它们的生存环境有着密切关系。

达尔文一路向北，沿途多草丛和灌木，因气候原因基本都是荒野。8 月底又去蓬塔阿尔塔挖掘化石。因为之前来过多次，积累了很多经验，所以这次收获颇丰，他收集到巨树懒、大懒兽、犰狳等贫齿类化石。使他感到惊奇的是，挖出这些化石的地方现在依然有树懒科和犰狳，只是体形小了很多，那些古生物与现在的生物到底有什么联系呢？古生物学的各种发现，特别是这些货真价实的化石，对于说明物种的可变性很有利，达尔文不得不谨慎对待。9 月份达尔文沿着巴拉那河行走，他发现乌拉圭河是鼯的分界线，但河两岸的气候土壤植被明明没有多少差别。达尔文断定之前认为的“动物是为一定的地点和环境所生”这种看法是不正确的，因为乌拉圭河以东的条件至少要比其他地方对鼯有利。从南到北，从北到南，这些多次走过的地方，很多动物的形态都很相似，相互之间的差异性似乎有迹可循。有关相似物种的总起源这种问题，总会时不时地闪现在达尔文的脑海里。

巴拉那河是南美洲仅次于亚马孙河的第二大

河流，景色壮观，风景宜人，它与乌拉圭河汇合后的名称就是拉普拉塔河。达尔文渡过了巴拉那河，到达了东岸的圣菲，这里气候比较温暖，商陆树极具观赏性，还有一些达尔文没有见过的新物种，他用了几天时间研究这里的地质情况。这一路的地质研究，使达尔文增长了不少知识，他能够断定南美洲东岸应该发生过地震等地质活动，使得这一块陆地有剧烈的上升。他沿途还听说前几年发生过严重的旱灾，动物成批地死亡，这就解释了为什么他能在一个地方挖出堆在一起的动物骨骼。

10 月 12 日，达尔文犯了严重的头痛病，只得结束陆上旅程搭船返回了布宜诺斯艾利斯。他以为贝格尔号应该在这里，但他在布宜诺斯艾利斯等了一段时间，并没有发现贝格尔号的踪迹，于是又赶往了蒙得维的亚，于 11 月 4 日找到了贝格尔号。当他得知贝格尔号 12 月初才起航时，达尔文再次上岸进行科学考察，这次考察持续了两周，11 月中间从梅赛德斯返回蒙得维的亚时又发现了一些上古生物化石，有磨齿兽和箭齿兽的头骨和几片大犰狳的甲片。

回想 1833 年的旅程，达尔文足迹遍及巴西热带雨林，里约热内卢，马尔多纳多，布宜诺斯艾利斯，圣菲，马尔维纳斯群岛，火地岛等地。他和助手科文顿爬过高山，蹚过河水，深入丛林，穿过草原，搜集珍奇的动植物标本，挖掘古生物化石，日晒雨淋，饥渴劳累，不仅要对付毒蛇猛兽，沼泽沙漠，还有可怕的传染病。达尔文非常虚心地向当地居民请教，因为他们生长在这里，在跟大自然的长期搏斗中积累了许多宝贵的经验。黄蜂巧妙地蜇死蜘蛛，昆虫利用拟态、保护色来保住自己的性命。在考察实践中，达尔文脑海中的问题越来越清晰了，全能的上帝当初既然这样精心地为它们提供保护手段，又何必为它们创造出敌人来呢？整个自然界真像是一个残酷的角斗场啊！当初的达尔文只是个兴趣广泛的采集家、收藏家，现在的他已成为一位善于独立思考，提出问题并努力解决问题的博物学家了。

1833 年 12 月 7 日贝格尔号朝巴塔哥尼亚海岸驶去，像上次成群结队的海豚似的，大自然又派出了成千上万只纯白色蝴蝶飞舞而来欢送他们，水手们称这是一场浪漫的“蝴蝶雪”。贝格尔号在 1834 年还是围绕着南美洲来来回回地进行测绘勘探工作，从圣于连港到麦哲伦海峡，再到火地岛、马尔维纳斯群岛，又到了巴塔哥尼亚、智利，最后到达太平洋沿岸的乔诺斯群岛，达尔文还是在陆地上进行他博物学家的工作。在马尔维纳斯群岛上，达尔文观察到很多牛变野了，而且非常健壮，同时很多野马却不断地生病退化，达尔文不禁想到在同一种环境内，总有一种生物比其他种类的生物更能适应新的生存条件。

达尔文一边不断地深入内陆进行收集考察工作，一边心急地等待英国的来信，特别是亨斯洛教授的信。他把那些自己认为有研究价值的、比较重要的化石标本等都寄给了亨斯洛，那么亨斯洛是怎么看待这些搜集品呢？会不会认为这些都没有什么研究价值呢？如果没有什么价值，那他又该在这广阔的陆地、高山和热带雨林里怎么选择采集呢？达尔文心里忐忑不安地等待着亨斯洛的回复。1834 年 7 月 24 日，达尔文终于收到了亨斯洛写于 1833 年 1 月和 12 月的两封信。达尔文心里很没底，他惶恐地打开了信封，没想到亨斯洛教授高度评价了达尔文的工作。他认为达尔文寄回国的那些化石标本有很高的研究价值，这使达尔文心里松了一口气，并且感到自己长久以来的工作受到了肯定，这种幸福感及荣誉感无与伦比。

1834年5月底，贝格尔舰进入了南美洲的西海岸，在辽阔的太平洋中徜徉。达尔文心里十分兴奋，大西洋的航行持续了两年多，而驶向太平洋则意味着贝格尔舰的环球航行终于开始了！达尔文越来越觉得自己的生活发生了变化，自然科学逐渐成为自己可以为之献身的事业，正如他在写给姐姐的信中所说："我希望并相信，在这次航行中所花的时间将对博物学产生充分的价值……正如我已说过的，科学研究结果比很多眼前的愉悦更能给我带来快乐，更能使我继续这次航行并展望美好的未来，世界已真正展开在我面前了。"

7月份，贝格尔舰到达了智利的瓦尔帕莱索港口，这里的环境真有"天堂"的感觉啊！天朗气清，惠风和畅，生机勃勃。智利，这个世界上最狭长的国家被安第斯山脉切割而来，全国几个城市都在山脉中的盆地里。在考察安第斯山脉时，他发现一些现代的贝壳出现在海拔几百米高的山上。贝壳里残存着海里的淤泥，里面有海生微生物，他更可以断定这个地方原来有大规模的地质上升活动。在康帕那山，他观察到生长在南坡和北坡的植物差别很大，北坡多低矮的灌木，南坡的竹林却能高达十几米。在一些内陆湖里，还有“浮岛”，其实不是真正的岛，只是许多枯树联结成块，表面上又生长着其他植物而形成的。这种浮岛有时能载着人及牛羊过河。世界上体形最小的蜂鸟也在这里，这种鸟小巧玲珑，羽毛鲜艳，飞舞时身体几乎是直立的，在花朵上飞来飞去，却不以花蜜为食，它们吃的是那些花朵上的小昆虫。

1834 年 9 月底，在深入内陆考察一个半月后，达尔文生病了，这是航行以来最严重的一次。达尔文将生病的原因归结于路上喝了几杯变质的葡萄酒，让人没有想到的是同样的症状以后将时隐时现，令他终生饱受折磨。后世的科学家研究了他的症状后，认为他是被非洲一种黑色昆虫叮咬后感染了南美锥虫病。这种病当时无法诊断，更无法治愈，因此在他之后的生命历程中经常出现头痛、眩晕、抽搐、呕吐、腹痛、浑身肿胀等症状。但关于他病因的说法其实没有定论，锥虫病只是其中一种推论而已。

1834 年 11 月份至 1835 年 2 月，贝格尔舰一直在乔诺斯群岛附近航行。1935 年 1 月 19 日夜里，达尔文亲眼看见了奥索尔诺火山的爆发。从望远镜中他看到在一大片红色的岩浆中，一些黑色物质被不断地抛射到天空中，岩浆的火光倒映在水面上，形成了一个长长的倒影。达尔文后来又听说远处另有两座火山也在当晚喷发了，他立即想到这些火山在地下一定有联系。2 月份他又亲身经历了大地震，大自然的威力让人胆战心惊，几座城市瞬间化为一片废墟，地面伤痕累累，除了人员牲畜的伤亡，大地上布满了裂缝深渊。达尔文还注意到地震过后，地面上升了两到三英尺（约合 0.6～0.9 米），居民本来要钻到海里捡那些软体动物，现在俯拾皆是。他在日记中说：“以后如果再看见某一地质区域中贯穿大量裂缝的现象，我就能清楚地了解其原因了。我觉得这场地震对这个岛的剥蚀作用要比一百年的正常风雨的剥蚀大得多。”余震又持续了十几天，火山爆发显然和地震有联系，地壳中有熔岩，从火山喷发出来后肯定会引起另一块地壳的震动。在领略了大自然的威力后，达尔文在日记中写道：“我觉得离开英国后这是我见到过的最吸引人的景象，地震和火山是支配地球的最伟大力量的组成部分。对于这些能使高山隆起，沧海变桑田的奇迹般的力量，谁能不肃然起敬呢？”

加拉帕戈斯群岛

不知不觉到了1835年，达尔文在外考察已经第四年了，1835年的3月中旬到7月初，达尔文一直在安第斯山脉及附近进行旅行考察。让达尔文印象最深的是在翻越安第斯山脉后，他发现山脉两侧的生物存在着明显的差异。东岸面向大西洋，西岸面向太平洋，两侧的鸟类、老鼠、昆虫等，存在着很大的数量和种类差异，但是两岸的自然环境和经纬度是差不多的。东岸山谷中的动植物与之前考察过的巴塔哥尼亚的非常相像。这种情况不是达尔文第一次遇到了，相同的自然环境和地质条件下，生物却呈现出如此的不同。看样子这不是某一个地方的特例，而是一种普遍的现象，那么为什么会产生这种现象呢？达尔文隐约觉得对这些生物来说，高高隆起的安第斯山脉绝对是一个巨大的障碍，这个障碍甚至超过了距离的远近。但达尔文还缺乏更坚实有力的论证，只是把这个问题暂且记在了心里。

随着考察的进展，他内心进行着激烈的思想斗争。一方面是过去老师传授的关于物种不变的传统观念，另一方面是同这些传统观念完全相反的大量事实，这是物种不变的理论无法解释的。南美洲从北向南，古今同类的动植物形态的逐渐趋向变异，使他不得不深思这样一个问题：物种在随着气候、环境的逐渐变化而不断地发生变异。

在安第斯山脉的考察，除了生物学，达尔文还特别重视这一地区的地质研究。他在给家人的信中写道："我可以清楚地证明，那两个山脉中的一个，在年代上比另一个要早得多。较为古老的那个山脉是真正的安第斯山脉，我能够叙述出这一山脉的岩石的种类和先后顺序。这些山脉的主要特点在于它们含有将近两千英尺（约合 600 多米）厚的石膏层——我认为这里石膏的数量是举世无双的。但更为重要的是，我已找到了一些贝壳化石，在海拔一万多英尺（约合 3000 多米）的地方。我认为研究一下这些贝壳便可以确定这些山同欧洲地层相比较的年龄。至于安第斯山脉的另一山脉，则有着可靠的推测：这些山体——有几个峰高至一万三千英尺到一万四千英尺（约合 4000～4300 米）是很现代的，它和巴塔哥尼亚的平原是同年龄的。如果把这一结论看作是被实证了的话，那么在地球形成的理论中这就是一件具有很重要意义的事实。因为，如果在地壳中曾

在这么晚的年代发生过如此惊人的变化，那么就没有任何理由怀疑以前曾经有过剧烈变动。这些近代地层是非常引人注意的，因为里面贯穿着金银铜等金属矿脉；迄今为止，这些都被认为是属于较古的地质层系的。”在自己的日记中他也写道：“每逢我遇见那些沉积到好几千英尺厚的淤泥、沙子和砾石的地层的时候，我就不由得感叹，像现在的河流和海岸是不可能冲击出这样巨大的冲积层来的。可是，从另一方面看，当我听到这些急流的咆哮声，并且联想到大批动物种类在地面上消失，以及这些石块在某段时间里日日夜夜沿着自己喧嚣的道路不断向前推移的时候，我就暗问自己：有哪些山脉，哪些大陆能够抵挡住这种连续不断的破坏力呢？”

我们可以看出经过几年的实地考察与锻炼，达尔文已经是一名专业的地质学家了，他不仅进行了专业的考察，还进行了独立的分析研究，最后得出自己的结论。只是他还缺乏时间，把自己的所听、所看、所思、所想整理撰写出来。达尔文不知道的是，他还没结束环球航行就已在英国地质学界小有名气了。因为 1835 年 11 月 16 日，亨斯洛教授在剑桥哲学学会上，宣读了达尔文寄给他的信，达尔文在信中详细叙述了自己关于地质学方面的研究，亨斯洛把最主要的部分摘出来宣读，受到了与会人员的热烈欢迎，随后亨斯洛把这些摘要自费出版成小册子分发给学会会员。亨斯洛这种为人师表的精神，真是“新竹高于旧竹枝，全凭老干为扶持”啊！达尔文有此良师，是他的幸运，也是我们所有人的幸运。

达尔文一行人沿途踏过幽深的山谷，爬过寒冷的山顶，攀过险峻的峭壁，翻过起伏的山峦，经历了人迹罕至的地带，也见识了绝美的风景，这里有蓝宝石般的天空，有银装素裹的雪峰，有翻涌奔腾的云海，还有五彩斑斓的岩石。达尔文屡次在日记中感叹大自然的神奇壮美，他不知道自己的旅行日记已丝毫不亚于洪堡的游记了。安第斯山脉的旅行考察，让达尔文有很大的收获，他在给家人的信中说：“这次旅行是高丁享乐的，我感到的喜悦是无法表达的，因为我在南美洲所做的一切地质研究有了这样一个极好的结果。由于日间的工作，有几个晚上我简直完全不能入睡。风景是那样的新奇、那样的宏伟，在海拔12000 英尺（约合 3700 米）的地方，一切东西的外貌是那样不同于低处的样子。我曾看到过许多

比这里更为美丽的风景，但没有一处具有这样强烈显著的特色。”

1835 年 7 月 12 日，贝格尔舰抵达秘鲁的海湾伊基克，7 月 19 日，停泊在秘鲁的卡亚俄港口。南半球冬季即将来临，这里天气经常浓雾笼罩、乌云密布、阴冷潮湿，而且秘鲁国内处于内战时期，四处硝烟一片混乱，达尔文无法深入内地旅行了。贝格尔号在此停留到 9 月份开始起锚航行，南美洲西海岸的测绘和考察告一段落，贝格尔号将行驶到更辽阔的太平洋上，奔向加拉帕戈斯群岛。

达尔文的故乡是英国，而进化论的故乡是加拉帕戈斯群岛，因为正是这片群岛使达尔文产生了进化论的第一个灵感。这当然是夸张的说法了，灵感不是一朝得来、一蹴而就的，而是长期观察思考的产物。加拉帕戈斯群岛对达尔文确实产生了至关重要的影响，但也不能因此忽略达尔文之前在南美洲长期的考察研究。今天的加拉帕戈斯早已成为东太平洋上的旅游胜地。它位于美洲海岸以西 500 至 600 英里（约合 800～1000 千米）的赤道上，大约形成于 200 万年前，由海底火山爆发喷出的岩浆冷却后形成，由于受秘鲁寒流的影响，这里并不像赤道上其他地方那么炎热。群岛有大大小小的21个岛屿，全是火山岩构成的，遍布火山口，总数达2000个以上。这些岛屿如今被誉为“活的生物进化博物馆”和“海洋生物的大熔炉”。1978年还被联合国教科文组织宣布为“世界自然遗产”。在达尔文所处的时代，这个群岛可没有这么多称呼，它只有一个外号叫“乌龟岛”。这个名字是16世纪西班牙于伯兰加主教偶然到达这里，发现岛上都是巨龟而起的名字。后来一些捕鲸者和海盗发现了这个岛屿，才有人慢慢在此停留居住。

1835年9月15日，贝格尔号来到了加拉帕戈斯群岛的第一站——圣克里斯托瓦尔岛。这里荒无人烟，树木稀少，多灌木和仙人掌，岛上地面都是些早已冷却了的黑色玄武岩熔岩，到处是巨大的裂缝，平添一丝诡异的色彩，菲茨·罗伊说这里适合魔鬼居住。达尔文看到了两个约90千克重的大乌龟，他发现这些乌龟特别能饮水，它们把多余的水贮藏在心包和膀胱里以备长期使用。

9月23日，贝格尔号开往圣玛丽亚岛，这里是厄瓜多尔流放犯人的地方，在近三百米高的地方有一个殖民区。此地动植物比较多，达尔文真是争分夺秒地搜集，因为他知道这个地方大概有生之年没有机会再来了，而且岛上的动植物与别处有明显不同，具有很高的研究价值。

10 月 28 日，贝格尔号到达了群岛中最大的岛屿——伊莎贝拉岛。达尔文观察到这个岛上有很多黑色的大蜥蜴，都长达几米。有种蜥蜴脚上竟然有蹼，能下水游泳，达尔文解剖了一只，研究这种蜥蜴胃中残留物，发现它们是以海中各种藻类为食物的，这种蜥蜴是两栖的。陆地上脚上没蹼的蜥蜴，无法下水，主要吃仙人掌以及各种树叶。两种蜥蜴的分布很不相同，有些岛上根本没有。当地的居民告诉达尔文，他们很多人到过加拉帕戈斯群岛的所有岛屿，有些人能根据龟甲的颜色、厚度、拱形高低和脖子、腿的长短准确地分辨出各个岛上的乌龟。这个消息让达尔文很吃惊，因为这意味着每一个岛屿上的乌龟都不一样，相邻如此之近岛屿上的“栖居者”竟然有这么大的差别。《圣经》上说，万物都是由上帝创造的，难道上帝竟然还为这些近在咫尺的岛屿创造了不同的象龟吗？这么做的意义又是什么呢？上帝是想体现自己的全能吗？这个问题已经不是第一次出现了，达尔文进一步接触到了“秘密中的秘密——物种的起源”问题。

今天的剑桥大学动物博物馆里，还能看到达尔文采集的几只小鸟标本，其学名是雀科鸣禽，今天人们也称之为“达尔文雀”。实际上达尔文当时在加拉帕戈斯群岛收集到了25种全新的鸟类，他还发现圣玛丽亚岛上的大都属于三环反舌鸟，阿尔贝马尔岛上都属于体形最小的反舌鸟，圣蒂亚戈岛和圣克里斯托瓦尔岛上的属于黑色反舌鸟。他还收集了13种雀类，不同岛上的雀类各不相同，达尔文仔细比较了它们的颜色、体形、嘴巴、羽毛，它们既不相同又有类似的地方。这让他很惊奇，因为据此他不得不推测说：“它们只不过是变种。”再联系到之前的蜥蜴、象龟，他在笔记中写道：“加拉帕戈斯群岛上雀科鸣禽在嘴上的差异，与群岛上的象龟在背甲上的差异应当是相同性质的问题。”并且他还认为：“这个群岛上的动物是非常值得加以研究的，因为这类事实能够否定物种不变的说法。”

达尔文还仔细考察研究了群岛上的植物，经他计算，群岛上至少有185种显花植物，其中有100种只生长在这个群岛上，其他地方是看不到

的。当地的动植物和南美洲西海岸的动植物非常相像，有明显的种属关系。所有的观察都让达尔文一步步地怀疑物种不变论，面对眼前的这些事实，他越来越肯定物种是可变的，是发展变化着的。这些累积起来的发现和思考让达尔文逐渐动摇了上帝创世的宗教观，并且对达尔文形成有关生物进化的观点具有重大的意义。按照当时博物学界的通行观点看，所有的动植物都是由上帝预先按照它们生存的环境而创造出来的，据此推断，群岛上的动植物应该是相同，因为它们所处的自然环境和地理位置是相同的。但事实恰恰相反，群岛上的动植物差异明显，却与南美洲大陆存在着种属关系。这都会使人联想到它们是不是有一个共同的根源，从而推论出物种在一定的环境中是可以变化的呢？

早在蓬塔阿尔塔发现那些古生物化石时，他就对这个“秘密中的秘密”加以思索了，从马尔维纳斯群岛的狐狸，到安第斯山脉两侧的动植物，再到加拉帕戈斯群岛上的鸟类、象龟，物种的变化有了越来越坚实的证据，如果那些相似的种类都起源于同一种类，那么结果真是让人又惶恐又激动啊！达尔文内心一方面坚信这些自己亲眼看见的事实，另一方面又对事情的后果感到忧心忡忡，因为这样的结果是那些基督教徒们最不愿意看到的，这些事实与结论同《圣经》中的教义是完全相悖的。如果达尔文要坚持自己的研究，他就不能不考虑“冒天下之大不韪”的后果了，想想塞尔维特、布鲁诺、伽利略的悲惨结局。但是最终对自然科学的热爱超越了一切担心，达尔文没有停止前进的步伐。

1835 年 10 月 20 日，贝格尔号拔锚起航向西航行，天气晴朗，一路顺风，11 月 15 日，贝格尔号停泊在了如今全球闻名的旅行圣地大溪地。这里风景宜人，植被茂盛，达尔文在日记中写道：“当看到整块整块的树丛，树干粗壮、枝叶茂密（像英国的栎树），同时又结满了营养丰富的累累硕果时，真使人惊叹……”让人印象更深刻的是这里热情好客的居民，达尔文一行人刚一上岸，男女老少都围过来欢迎他们，带领他们到当地的传教士家里。但达尔文坐了一会儿就迫不及待地到岛上浏览起来。

整个岛屿被一道环形的珊瑚礁围绕着，免受海水的冲击。热带植物遍布岛屿，香蕉树、面包树、椰子树应有尽有，树上结满了诱人的果实，树荫片片，凉风习习，小路弯弯，小屋座座，一片和谐风光，好像到了世外桃源一样。达尔文雇了条小船对珊瑚礁进行考察，活珊瑚的形态千变万化，堪称大自然的杰作！各式各样的海星、海绵、鹿角珊瑚、石质海藻，圆形的、锥形的、扇面的，配以五彩缤纷的颜色，真是让人目眩神迷！达尔文采集制作了很多珊瑚标本，这时他想起赖尔《地质学原理》中有关珊瑚礁的理论，赖尔认为珊瑚礁是海底火山的顶部。达尔文现在知道赖尔错了，可见理论是从实践中得出来的，并不是纸上谈兵。

澳大利亚纪行

1835 年 11 月 26 日，贝格尔舰离开了“无上美好”的大溪地，在太平洋上畅行了 25 天后到达了新西兰，在此停留了 13 天，最后于 1836 年 1 月 12 日驶进了澳大利亚的悉尼，在这里进行了 3 个月的勘察测绘工作。达尔文当然和从前一样，雇了向导和马匹进行陆地考察。

澳大利亚作为世界上最大的岛屿，早在很多年前就与主要大陆板块分离开来，因此岛上的动植物和加拉帕戈斯群岛一样稀有。达尔文在这里看到了鸭嘴兽、袋鼠、考拉、袋狼、袋熊、食蚁兽等澳大利亚独有的动物，他发现这里几乎所有的哺乳动物都属于袋亚纲。为什么这些动物能在这里生存下来，而在其他地方几乎绝种了呢？

达尔文对此绞尽脑汁，这时他发现脚下有一个圆锥形的深坑，一只昆虫掉在了深坑里正在奋力地向上爬，而设置深坑的蚁狮正躲在最深处射出一股又一股的沙子，使那只向上爬的昆虫顺着沙子滑下来，昆虫逃脱不掉，自然成为蚁狮的囊中之物。欧洲也有蚁狮这种食肉昆虫，但达尔文观察到脚下的这种深坑比欧洲蚁狮挖的要小一半，这里的蚁狮捕食能力也比欧洲的强。达尔文在日记中不禁发问："难道可以把这样简单而又巧妙的设计看作是两个创世主各自创造出来的吗？"他又进一步地思考道："一个理智而没有宗教信仰的人，对于澳大利亚和其他地方的动物的不同特征，会说什么呢？他也许会大声说，世界上一定有两个不同的造物主在工作着。也许地质学家会说，因为造物的阶段有所不同，各个阶段之间相隔很长时间，上帝在工作中大概也有间断的时间吧。"这些记录都表明达尔文没有因为宗教问题停止思考物种的来源这个根本问题，他的心中已经不相信创世说了。

1836 年 1 月 30 日，贝格尔号驶向霍巴特城，2 月 5 日到达，停留了 10 天。3 月 6 日到达了澳大利亚的西南角，停泊在乔治王湾 8 天。4 月 1 日，抵达基灵群岛，这是一座珊瑚群岛，达尔文趁此机会好好研究了珊瑚环礁，并在笔记中写下了自己的结论："在太平洋里，我们看到一些为珊瑚礁所包围的岛屿，而许多海峡和静水区把这些珊瑚礁同海岸远远隔开。各种各样的原因都可能阻碍那些最能在这种条件下发生作用的珊瑚岩的增长。因此，我们可以设想，这样的岛屿经过很长时期之后，如果像南美大陆那样，不过是向相反的方向下沉若干米的话，那么珊瑚将从周围珊瑚礁的基部继续向上生长起来。将来中间的陆地将被海水淹没，而珊瑚则将完成它那围墙式的建筑。那样我们不就得到一个环形珊瑚岛了吗？从这个观点看，我们应当把环形珊瑚岛看作是由无数小建筑师所建立起来的一座纪念碑，它标明从前的陆地是在什么位置被淹没在海洋深处的。"在大溪地的时候，达尔文就否定了赖尔的珊瑚礁理论，并试图提出自己的看法，对基灵群岛的考察使他的理论成熟了。

1836年4月12日，贝格尔号离开了基灵群岛，驶向了印度洋西部的毛里求斯，在那里停留了10天。5月31日，到达非洲南端好望角，达尔文拜访了英国天文学家小约翰·赫歇尔，因为南半球能更清楚地观察各种星体，所以赫歇尔及其夫人在非洲居住多年。达尔文在剑桥学习时就对他钦佩不已，这次当然要专门拜访。两人一见如故，相见恨晚，年长一些的赫歇尔对达尔文说，世界是由自由规律所左右的，自然科学的最高目标就是发现这些规律。这种唯物主义的论断给达尔文留下了深刻的记忆，他后来在《自传》中说："赫歇尔爵士对自然科学的阐述燃起了我内心的渴望。我渴望今生能为构建自然科学的大厦做出哪怕是微不足道的贡献!"赫歇尔与他的谈话给了他很多灵感，也打消了很多顾虑，激励着他朝着那个"秘密中的秘密"进发。他在当时的日记中写道："如果加拉帕戈斯群岛上的象龟和鸟类的形态差异源于自然演化，那么，我们的世界观将被彻底颠覆。"

7月8日贝格尔号抵达圣赫勒拿岛，这里因囚禁过拿破仑而出名。从远处看去，这个岛像一座黑色的城堡一样，悬崖般耸立着，难怪被用来

囚禁犯人了。岛上树木种类比较多，但没有形成森林。据记载，这里曾有过茂盛的森林，但 16 世纪英国人移民此岛，带来的猪和羊大量繁殖后，把森林幼树毁坏了，成材的树又被不断砍伐，最后导致了现在这种状况。森林的毁灭又导致了一些陆地软体动物和昆虫的灭绝，因此达尔文才发现了许多陆地软体动物的空壳，它们的减少随后又影响了空中的鸟类。由此可见，整个自然界之间联系密切，相互依存又相互制约，一种生物的兴衰会影响着其他生物，正所谓“牵一发而动全身”。

7 月 19 日至 7 月 23 日，贝格尔舰停泊在亚森松岛。达尔文在这里收到了一封家书，妹妹在信中说有一位名叫塞奇威克的地质学家到过什鲁斯伯里的家里，并对父亲说，达尔文将在科学界中占据显要位置。虽然达尔文并不知塞奇威克教授何出此言，但能得到这样一位科学名人的称赞，他当然非常高兴。达尔文的父亲和姐妹早都意识到达尔文回来后肯定不会去当牧师了，而是将走上科学之路。

五年的航行让大家疲劳难耐，思乡成灾，大家焦急地等待回家的日子。原本以为贝格尔号会经过佛得角群岛直接驶向英国，没想到舰长菲茨·罗伊下令向巴西方向驶去。大家的失望之情可想而知。菲茨舰长是个非常细心和认真的人，他坚持再访南美洲是因为修改上一次画得不太精确的海图，他想让贝格尔号的绘制完美无缺。船员们虽然思乡心切，但也不想因为一点数据使这几年的工作付之东流，所以都强忍着感情努力完成工作。1836 年的 7 月和 8 月，贝格尔舰在巴西的巴伊亚和伯南布哥考察，8 月 31 号在佛得角群岛的普拉亚港口停泊了 4 天，然后向亚速尔群岛驶去。

1836 年 10 月 2 日，贝格尔舰在英吉利海峡全速航行，英国的海岸线已出现在视野中，船员们忍不住发出了一片欢呼声。海浪把船板拍击得哗啦啦响，在船员们耳中像是欢迎他们归来的掌声一样。达尔文登上甲板，尽管乌云密布，天气阴沉，但他的心情像海水一样波涛汹涌。当天下午贝格尔号抵达普利茅斯港口，他们结束了环球航行，终于回家了。贝格尔舰出色地完成了测绘任务，这次绘制的海图甚至沿用到了二战之后，但它的成果相对于达尔文之后的贡献来说太微不足道了。贝格尔号可以称得上是世界历史上最重要的船只之一，因为它给了达尔文一双重新看世界的眼睛，搭建了达尔文与大自然之间沟通的桥梁，用五年的时间孕育了一位科学巨匠。

当天夜里虽然狂风骤雨，也抵挡不住达尔文回家的脚步。达尔文乘着邮政马车，迫不及待地赶往什鲁斯伯里。五年的环球航行对达尔文产生了显著的影响，首先是他的体形，长期的野外考察、晕船症的折磨和营养不良，使身高 182 厘米的达尔文，瘦到仅有 60 多千克。据统计，在近五年间，达尔文累计只有 18 个月随船航行，其余时间都在陆地和岛屿上。最长的一次陆上考察，他离船 47 天。这次航行改变的不仅是他的身体，还有他的世界观。在稍后出版的《“贝格尔号”环球航行记》中，达尔文说：“世界地图从此不再是一张白纸，它变成了一张包罗万象、充满生机的地图。”在之后的岁月里，他将完成对大自然的重新思考，并用他的智慧改变了整个人类的文明进程。

第三章
物种起源

重回故乡

邮政车的颠簸让达尔文头晕目眩，筋疲力尽，但看到道路越来越接近自己魂牵梦萦的什鲁斯伯里时，内心的兴奋还是压过了身体的不适。1836 年 10 月 4 日，他终于回到了什鲁斯伯里，时间已经很晚了，达尔文风尘仆仆、蓬头垢面，他不想这样狼狈地出现在家人面前，也不想惊醒睡梦中的亲人，所以当晚他在一家旅馆里住下。第二天一大早，当唐恩庄园的家人正在进餐时，达尔文出人意料地回来了，给了他们一个大大的惊喜。

罗伯特仔细端详了一会儿儿子，对大家说："你们看，达尔文的头形是不是变了？"二姐卡罗琳说："我倒没注意到头形，只觉得达尔文整个人有种我说不出的变化。”想当初出海时达尔文是一个刚从大学毕业的不谙世事的小伙子，现如今五年海外生活的磨炼，使达尔文蜕去了曾经的稚嫩，他的皮肤因风吹日晒而呈古铜色，头发略微稀疏，眼角有细细的皱纹，出现在家人面前的已经是一个饱经沧桑，经历丰富，智慧绝顶的人了！与家人团聚让达尔文沉浸在幸福的感觉中。

罗伯特问起达尔文今后的打算，当牧师是不可能了，达尔文说具体的计划还没有仔细想过，但献身科学的志愿是确定的。他要做的事情很多，光是整理这五年在外的考察资料、研究收集到的动植物标本就够他忙活了。罗伯特医生看着儿子喋喋不休地叙述，由衷地感到欣慰，想当初如果自己真的阻止了达尔文航行，哪会有眼前让人刮目相看的儿子呢！罗伯特说，他今后也将继续支持达尔文的科学工作，再也不干涉他了。达尔文激动得热泪盈眶，自己坚持不懈地认真工作终于获得了父亲的认可，他从心里更敬爱父亲了。

达尔文回家后真是没有一天闲下来，多年养成的勤奋规律的工作习惯在第二天就展现了出来，他给他最尊敬的老师兼朋友亨斯洛教授写信，询问他是否在剑桥。达尔文急于拜访，同他商议以后具体的研究工作。10 月 14 日，达尔文赶到了剑桥，住在哥哥伊拉兹谟斯那里。

第二天达尔文去了亨斯洛教授家，同他商量怎么处理他的那些采集品以及他的工作计划问题。亨斯洛夫人热情地招待了他，并对他说，这几年亨斯洛总是在她面前夸赞达尔文的工作是多么的了不起，那些采集品的研究价值如何高，也很惋惜自己没能去这次航行。说起来，达尔文还要感谢亨斯洛夫人呢！要不是夫人当初劝阻了亨斯洛，那么达尔文就不能进行他的环球航行了。历史看起来像是很多偶然因素汇聚而成的，过程稍有差别，结果将大不相同。生活的每一步都面临着不同的选择，把握住机遇，不懈努力才会有收获。亨斯洛的意见是达尔文今后最好在伦敦工作，因为这里不仅有各种博物馆，还有很多著名的博物学家。各种矿石、地质采集品可以集中到剑桥，亨斯洛可以找一些地质学教授来帮忙。

达尔文接受了亨斯洛的建议，他开始四处找人洽谈有关动植物标本的收藏问题，一开始很不顺利，那些博物馆积品很多，达尔文不忍心把自己这些标本扔在储藏室里“睡大觉”。达尔文认为他们不支持自己是因为没有了解这些标本的价值，自己不能轻言放弃。所以他继续东奔西走，费尽口舌。事情慢慢有了转机，那些先前找各种理由推脱的人，在了解了那些标本的价值后都产生了兴趣，有想对爬行类和甲虫进行研究的，有想研究哺乳类动物的，还有想专门研究贝壳的。越来越多的人愿意参加这些采集品的整理和描述工作。达尔文还跟着亨斯洛拜访了神交已久的赖尔教授，他的《地质学原理》给了达尔文很大的影响。赖尔与达尔文一见如故，他十分支持达尔文，达尔文也很尊重他的意见。他把采集品中最重要的那些地质学部分留下来自己进行研究。在以后的日子里达尔文与赖尔交往频繁，赖尔成为其“最有力的朋友”。达尔文不但在学术上推崇赖尔，连赖尔“工作强度以不损害身体健康为限度”的治学精神，也成了他效仿的对象，达尔文仿照其制定作息时间，十分有效。

自己的工作有了安排，达尔文终于可以去美尔庄园看望舅舅和埃玛了。11 月 12 日，达尔文来到了念念不忘的美尔庄园，舅舅一家早就对他翘首以待了。表姐们争先恐后地问他的航行经历，各地的美食美景和风土人情。达尔文神采飞扬地向她们讲述自己的见闻，达尔文问她们：

“你们看过我寄回家的日记吗？”大表姐莎拉说：“卡罗琳拿给我们看过。埃玛看得最仔细了，每次放在她那里的时间最长。”听姐姐这样取笑自己，埃玛感到很不好意思。与达尔文阔别五年，再见面心里本来就很激动，这下更不知道说什么好了，只能说：“你的日记写得真好！”这是真心地夸赞，埃玛对日记爱不释手，从中不仅能了解心爱的达尔文的旅行经历，而且她好像也跟着达尔文一起到过了森林茂密的热带雨林，爬过陡峭险峻的安第斯山，感受惊心动魄的大地震。埃玛心里原本有好多话要跟达尔文说，但乍一见面又不知从何说起了。还好达尔文在美尔庄园住了四天，他们有很多时间聊天。

达尔文从美尔庄园回到什鲁斯伯里拿了那些海上日记后就搬到了剑桥，一到剑桥就收到很多好消息。那些研究达尔文标本的动物学家们一篇篇地发表相关的研究论文，最近一段时间的《昆虫学会会报》《动物学会会报》几乎被达尔文采集品的研究占满了所有篇幅。达尔文内心说不出的兴奋，自己环球考察的科学价值终于得到了学界的肯定，自己冒着生命危险采集到的东西终于发挥了应有的价值，真是苍天不负有心人啊！

达尔文一开始住在亨斯洛教授家里，但也多有不便，也影响两人各自的日常工作，所以达尔文在剑桥大学附近租了两间房子。他的生活紧张忙碌，白天要分析和鉴定矿石标本，晚上整理考察日记、撰写论文。但作为学界一颗冉冉升起的新星，各种聚会邀请源源不绝，对此他无可奈何，“剑桥唯一的坏处是它过于悦人了，每天晚上总有这种或那种使人高兴的交谊会；在别的大城市，拒绝邀请不会有损害，但在剑桥情形就不同了。”时间对达尔文来说显得异常珍贵，他深感在那些交谊会上自己的光阴被平白无故地浪费了。但他的工作还是颇有成效的，在动物学会上他做了《关于美洲鸵鸟》的报告，在地质学会上做了《关于智利海岸新的上升》的报告。

在整理完地质和矿物标本后，1837 年 3 月 6 日他搬到了伦敦。这个英国最大的城市，整日被工厂烟雾笼罩，街道嘈杂污秽，达尔文非常不喜欢伦敦，但为了工作又只得暂住。到伦敦的第一件事就是和菲茨·罗伊商议关于贝格尔舰考察日记的出版问题。在回国前菲茨就同达尔文商议过一起出多卷本的航行记，但因为回国后菲茨生病了，达尔文率先写完了自己的考察日记，被当作航海记的一部分出版，这使这部书受到了很大的限制，因为一看标题还以为是写给出海的人看的。如果单独发表的话，凭借达尔文优美的文笔、充沛的感情、敏锐的观察，一定能更受人们欢迎。是金子总会发光，慢慢有人了解了这部书的价值，出版商自然不放过任何赚钱的机会。达尔文的考察日记被重印了两次，读者反响日渐强烈，出版商们抓住商机，让达尔文对这部书加以修订单独出版。如此这般才有了我们今天所看到的《贝格尔号航行期间的博物研究和地质研究日记》一书，达尔文没有遵循时间顺序，而是根据地理顺序描写所到之地的风土人情、个人印象、地质考察和动植物状况。

达尔文的动物采集品数量众多，种类繁盛，还有很多是之前没有见过的新物种，具有很高的科研价值。达尔文凭此获得了当时英国的权威科学机构林奈学会的签名评定，顺利拿到了政府的财政资助。正是有了这笔钱，达尔文才联系出版了《贝格尔舰航行中的动物学》等多卷本大部头的著作。这些巨著不仅是达尔文对科学考察的总结和梳理，也为他以后创立进化学说提供了坚实的知识储备。达尔文的地质研究也颇有成果，他在地质学会上做了一系列的地质学报告，报告里提出了令人耳目一新的论点，特别是关于珊瑚礁的形成，证据确凿，推理缜密，让人心服口服，赖尔也甘心放弃了自己的火山口理论。对地质学的热爱，让达尔文在以后的几年里完成了几部专业学术专著，即《贝格尔号航行中的地质学》第一部《珊瑚礁的构造及其分布》，第二部《关于火山岛屿的地质学观察》和第三部《关于南美洲的地质学观察》。赖尔早就发现了达尔文在地质学方面的才能，1838 年介绍他参加了英国科学协会，并推荐他担任地质学会秘书，还送给他自己心爱的地质锤，这把小锤子成为二人长达四十年友谊的见证。

《珊瑚礁的构造及其分布》一书开启了达尔文地质学之旅，这部书对他来说有不同寻常的意义。书中叙述了关于珊瑚礁方面的广泛内容，列举了很多这方面的详细资料；达尔文总结出了珊瑚礁的形成规律，具有高度的概括性。环球航行使他全方位地从地质、地貌、动植物分布等方面研究了珊瑚礁。

全书共分为六章，第一章达尔文以基灵群岛为例，考察环形岛屿暗礁外缘的珊瑚生长情况，以及围绕着礁湖的藻类地带、下沉到礁湖底层的沉积物和生长其中的小动物。第二章他谈到了被礁湖分开的堡礁部分，举了若干例子说明堡礁的形状及其结构。第三章他描述了有缘壁的岸礁。第四章论述了珊瑚礁的生长过程，他认为关键在于那些形成暗礁的珊瑚虫生活的深度，当珊瑚虫低于他计算的最低限度时，珊瑚礁基本处于停止生长状态了。第五章是全书最重要的一部分，达尔文反驳了赖尔的火山口理论，提出了自己的推论，即环礁由堡礁形成，堡礁由岸礁形成，形成的过程是陆地的缓慢下沉和暗礁的不断增高。第六章达尔文根据环球航行的考察情况，描述了不同种类珊瑚的分布，书中他用彩绘图来说明这个问题。《珊瑚礁的构造及其分布》一书引起了地质学家的极大兴趣，达尔文的理论获得了大多数人的赞同，尽管达尔文驳斥了赖尔的火山口理论，赖尔依旧给予达尔文这本书高度的赞扬和支持。

达尔文的地质研究成果不仅使英国学界折服，其影响也涉及欧洲各国，法国地质学会宣布达尔文为其终身会员，这对一名外国地质学家来说是极高的肯定和荣誉了。同动物学研究一样，地质学研究成为他论证生物进化学说的重要一环。从某种程度上说，生物进化论是他在地质学研究上的深入发展。因为地质的变化同生存之上的生物有着紧密的关系，地球的每一层地质及保存其中的化石，都向人们诉说了生存在其中的生命的历史，地球的过去联系着生物的过去。达尔文的地质学研究是奠定生物进化学说非常重要的基础研究。

在地质学界小有成就的达尔文，始终没有忘记探索生物进化的问题。他的头脑中常浮现着环球考察期间的景象，在巴塔哥尼亚发现的距今已久却又与现代动物类似的古生物化石；美洲大陆上从南到北，形态上略有差异的同种动物；安第斯山脉两侧不同的生物种群；加拉帕戈斯群岛各小岛之间略有差异的象龟和蜥蜴。这些场景使他产生了物种可变的思想，但为什么变化，变化规律是什么，即物种到底是怎样起源和发展的，达尔文依然没有头绪。

对笔记、日记的整理，让他能够梳理和深思这些问题。他以历史的眼光分析地球上的生物，假设物种由于各种原因是不断变化着的，这才会有旧物种的消亡，新物种的产生。同时，同种类的生物，如果生长在不同的环境中会发生不同的变异情况，以更好地适应生存环境，比如那些加拉帕戈斯群岛上的象龟，追根溯源，这些象龟拥有的是同一个祖先。推而广之，也许地球上所有的生物都有一个共同的祖先。如果这个结论成立，那么物种之间的联系应该就是繁殖了，因为只有连续的繁殖才能解释现代生物与古代生物的同种问题。繁殖使代与代之间出现了变异，如果没有这些适应环境变化的变异，这一物种就会灭绝。只有发生变异，一个物种产生了另一个物种，才不会导致物种的灭绝。比如鸵鸟的变种可能适应性很差，以致现在只有在个别地方才能看到它们了；加拉帕戈斯的鸟类适应能力强，产生了各种各样的变异，才能大量地繁殖。简单来说，物种的发展与灭绝要看它们是否能适应生存的环境，适应的就能生存，反之则灭绝。达尔文的脑子里已经有了一个清晰的因果链条，物种的进化与起源问题即将打开新世界的大门。达尔文思考的一切都与基督教义背道而驰，他不能不考虑宗教问题了。

宗教与婚姻

在参加环球航行之前，达尔文虽然不是一个

像菲茨·罗伊那么虔诚的基督教徒，但他对创世说和基督教义并未产生过怀疑。他在神学院，曾认真地研读过《自然神学》等著作，考察初期的日记中还随处可见达尔文对上帝的敬畏。但越来越多的自然事实让达尔文逐渐怀疑创世论，大量生物物种的变异根本无法用“上帝创造”来解释。地球的地质变化大都经历了上百万年的漫长时间，难道上帝创造万物只用了7天吗？这根本就无法解释这些自然现象。回国后，达尔文对宗教问题进行了深入的思考，并从理性和感性上分析了宗教信仰问题。人们之所以相信上帝的存在，一方面固然是由于自然科学的落后，面对辽阔、神秘、博大的大自然时一种自我安慰式的解释；一方面是情感上的原因，希望有一个仁慈万能的上帝来解脱人类的苦难，是人们精神上的寄托。达尔文本人十分重视宗教的道德教化作用，他相信一颗虔诚的心能够弃恶扬善。他虽然没有了之前对宗教的信仰，但他一生都不反对宗教活动，否则他是不可能与笃信宗教的妻子共同生活的。达尔文一生的成就否定了上帝的存在，但在情感上他一直对宗教怀有最深的敬意。

讲到埃玛，她这段时间的心情十分郁闷，牵

挂的达尔文终于安全回来了，埃玛感觉到他是爱自己的，她一直等着达尔文，自己年龄也不小了，为了他还拒绝了好些追求者，但最近几次来美尔庄园，达尔文都没有向她表白爱意。埃玛心里七上八下，生怕自己落花有意，流水无情。依照当时英国的社会风俗，女孩子是不能主动追求男孩子的，埃玛除了等待无可奈何。

埃玛不知道的是达尔文也经历着痛苦的煎熬。刚刚起步的自然科学事业，那么多的工作要做，那么多的资料标本在等待着整理，还有那么多的问题没有解决。达尔文真怕浪费宝贵的时间，就连地质学会秘书他起初也是不愿意担任的，他怕分散有限的精力。但达尔文心里是爱埃玛的，每当忙碌一天夜深人静时，达尔文都会想到埃玛，二姐卡罗琳和大表哥结婚的消息让他心烦意乱，他知道自己不能再拖下去了。达尔文为此还专门列了一张清单，上面列了结婚与否的利弊，以及他自己的分析。在爱情、家庭和事业方面到底该怎样选择。如果放弃埃玛，那将意味着自己独孤终老啊，这是达尔文无法接受的，他还是渴望有一个温暖的家庭。他写道："上帝啊！想到像工蜂那样把一辈子都用于工作、工作，最终什么也没有留下的情形，我是不能忍受的。是的，我不想一辈子过那样的生活。想想看，一个人从早到晚始终在烟雾弥漫且肮脏的伦敦房子里生活会是怎样……我憧憬的是美丽而温柔的妻子坐在沙发里，近处有旺盛的炉火，有图书，大概还有音乐陪伴着自己……把那样的状态和现在大街上肮脏的现实比比看吧！结婚、结婚、结婚——就是结论。”达尔文终于拿定了主意，父亲罗伯特得知后当然欣然同意，但他告诫达尔文，舅舅一家都笃信宗教，达尔文最好不要坦言自己对上帝的质疑。晚年的时候达尔文在《回忆录》中还专门提到了这件事。

1838 年 11 月 9 日，达尔文到了舅舅家，在美丽的美尔庄园，他终于向埃玛表白了，请求她做自己的终身伴侣。埃玛满心欢喜，自己多年的等待终于有了结果，她激动得不知说什么好。乔赛亚早就知道女儿的心事，全家都为埃玛高兴。11 月 11 日，达尔文一家来到美尔庄园，出席了达尔文和埃玛的订婚仪式，两家人都对他们献上了真挚的祝福。两人完全沉浸在幸福之中，达尔文把这天称为“生命中最值得记忆的一天”。在保存下来的达尔文和埃玛的书信中，可以看出两人的感情有多深厚。但达尔文没有听从父亲的劝告，他向埃玛坦白了自己对上帝的怀疑，埃玛当然感到很震惊，但她还是以一颗包容善良的心接纳了达尔文。达尔文对埃玛说："任何人任何时候也没有像我这样幸福，或者说像你那样善良……我发誓要使自己成为更好的人，以便能够配得上你……我亲爱的埃玛，我怀着极其温柔而感激的心情吻你的双手，这种心情充满了我的幸福之怀，我最大的愿望就是成为配得上你的人。"爱情让达尔文感到无比的幸福，而埃玛的爱也给了他巨大的激励。虽然达尔文还是一个人住在伦敦的租房里，但他再也不感到孤单了，埃玛很快就会搬过来，到时候两人就有一个温馨的家了。

1839年1月，达尔文和埃玛结婚了，正所谓"三十而立"，达尔文刚好三十岁，碰巧他又被推选为英国皇家学会会员，真是双喜临门啊！婚礼在美尔的圣彼得教堂里举行，两个纯洁的灵魂从此结合在一起，他们相爱相伴了一生。达尔文和埃玛在高威尔街找到了一所房子，房间虽然不大，但有个大花园，对于喜爱散步的两个人，这真是再合适不过了。二人在美尔举行完婚礼就回到了伦敦，埃玛知道达尔文有很多事情要做，她的善解人意、体贴能干让达尔文能心无旁骛地把精力集中在科学事业上，达尔文所取得的所有成就都有埃玛的功劳。他们一起生活了43年，达尔文在《回忆录》中说："你们的母亲就是我最大的幸福，我可以肯定地说，在我整个一生中，我从没有听到她讲过一句使我难堪的话。她总是对我表示最亲切的同情，时常以极大的耐心来听取我由于疾病和不舒服而发出的抱怨。我相信，她总是十分及时地给予周围的任何人以亲切的帮助。她所有的道德品质，都比我要高尚得多。因此，当她答应成为我的爱人时，这个特大的幸运让我惊喜异常。她在我一生中是聪慧的顾问和愉快的安慰者，要是没有她，我就会在冗长的岁月里孤身一人，成为一个凄惨的病夫。"

达尔文的身体在1838年秋天就已经因为连续工作而不舒服，不得不休息了一段时间。事实上，达尔文的大半生都在疾病的困扰中度过。他经常心悸、头晕、恶心、呕吐，关于他的病因历来众说纷纭，医学界有人认为是航海旅行时得的锥虫病，有人认为是心脏病，还有人说达尔文自身体质有问题，毕竟他的父亲和母亲是近亲结婚。幸好妻子埃玛温柔体贴，她一直无微不至地关心和照顾他，为了达尔文的事业整整献出了四十三年的精力。在达尔文后来的一切成就中，都凝聚着埃玛的一份心血。

伦敦恶劣的自然环境，让达尔文和埃玛萌发了搬到乡村居住的念头。喧哗的都市生活、频繁的交谊活动、复杂的人情世故都让达尔文心生厌烦。最重要的是达尔文的身体在这种环境中吃不消，他的健康状况令人担忧。埃玛 1839 年底生下了长子威廉（1839—1914），1841 年 3 月女儿安妮（1841—1851）又诞生了，伦敦的小房子更显得拥挤了。二人起初商量着搬到美尔庄园，但那里离伦敦太远了，达尔文还需和科学界的老师、朋友们保持联系，思量再三，二人决定在伦敦附近的乡村买一所房子。正巧赫歇尔从非洲回来到达尔文家拜访，答应帮他们寻找房子。

没多久，赫歇尔就帮他们打听到了伦敦东南方的达温村有一所房子和十几英亩地要出让，让他们抽空过去看看合不合适。达尔文夫妇看过后对当地偏僻的地理位置、不太便利的交通都不大满意，好在环境优美，很清静，在罗伯特和乔赛亚的支持下买下了这所房子。他们花了很多工夫修整，开辟了菜地、果园和花园，盖了小温室，铺设附近的道路，种上了花草树木，整座房子焕然一新。特别值得一提的是名叫“沙径”的一条路，这条路长约 200 米，宽约 40 米，两边栽种了许多树木，路基本是厚沙地，达尔文称它为“沙径”。达尔文几乎每天都在这条路上散步，他的许多想法都是在这条路上得来的，达尔文又称它为“思想之路”。

达尔文一家 1842 年 9 月份搬了过来，在此居住了整整四十年。儿子弗朗西斯回忆道：“父亲过的是极有规律的生活。对他来说，做出任何一件超出生活规律以外的事情都是痛苦和困难的，哪怕参加一次最平静的集会，他也觉得是一件吃力的事。1871 年，父亲曾到乡村小教堂参加亨丽埃塔的婚礼，当时他所感到的疲倦就让他难以忍受。不到万不得已，他是绝对不会改变每天的生活安排的。”正是这种规律的作息时间才让达尔文与病魔抗争了几十年，才让他成功地创立了进化学说。科学事业不允许他有更多的时间陪伴孩子，为了探索“秘密中的秘密”，他只好做出有些不近人情的规定，工作时间不允许任何人打扰，把教育孩子的事情拜托给埃玛。但达尔文是很爱他的孩子们的，长子威廉的到来让他感受到初为人父的喜悦，他以父亲和科学家的双重视角仔细观察威廉的表情和动作，还专门记录下来。女儿安妮是达尔文最疼爱的孩子。达尔文当然也想多陪陪孩子们，但他有太多事情要做了。

华莱士事件

达尔文生逢维多利亚女王在位的时代，也是英国的全盛时期。十八世纪的中后期，英国成为世界的经济和政治中心，对外疯狂地扩张，对内则营造了相对宽松的环境，查尔斯·达尔文和查尔斯·狄更斯，两位同名不同姓的人，成为这个时代科学和文艺上的领军人物。

达尔文回英国后的科学研究取得了很大的进展，地质学、动物学方面的著作很受学界的肯定，长期困扰他的生物进化及物种起源问题也渐渐有了头绪。他在《自传》里写道：“回到英国以后，我认为遵循赖尔在地质学方面的范例，并且搜集有关动物和植物在家养和自然状态下变异的一切材料，可能会给研究工作投射一点光明。”赖尔“以今推古”的方法，即用我们如今能看到的自然界力量，往上追溯地球在时间的长河中变迁的原因。达尔文首先选择了家养动物和栽培植物这条实践道路，来探索进化的奥秘。早在 1837 年 7 月，达尔文就开始记载关于物种起源的笔记了。

达尔文之前已有过“适者生存”想法了。1838 年 10 月他偶然读到了马尔萨斯的《人口论》，马尔萨斯指出，人的数量是按几何级数增长的，而人的生活资料则跟不上人类的数量增加，当人口繁殖到生存极限时，就会出现饥荒、战争、疾病瘟疫等来遏制人口的无限增长。达尔文看到此处，突然豁然开朗，若把马尔萨斯的人口理论用在自然界当中，大自然就是角斗场，适应环境的就可以生存，自己的“适者生存”理论就找到了坚实的论据。

1842 年夏天，达尔文一家去什鲁斯伯里和美尔庄园游玩避暑。他在这里写了一份草稿，这份草稿在达尔文死后 14 年才被发现，这份草稿几乎涵盖了《物种起源》一书里的主要内容。达尔文的儿子弗朗西斯在纪念达尔文诞生一百周年时把这份手稿出版了，命名为《一八四二年概要》，这份手稿基本可以看作是《物种起源》的提纲了。这份手稿的发现让人们明白，达尔文的进化论早在 1842 年就已建立，只是他没有同任何人谈起过这些在当时被认为是“异端”的思想，他还需要时间以及大量的证据来证实自己的理论。

达尔文不断地搜集动植物在家养条件下所发生的一切变异事实，向农民和育种家们询问培育新品种的办法。有段时间为了研究家鸽品种之间的差异和起源问题，达尔文还专门参加了伦敦的养鸽俱乐部，达温庄园里也饲养了多个品种的家鸽，他还托人从中国的福州和厦门寄来鸽子标本和资料。最后他终于能肯定各种家鸽就是来源于同一祖先——野生岩鸽。达尔文根据人工选择在同种动植物中所造成的区别，得出了人工选择的理论：物种在人工干预下是能够改变的，具有明显不同特征的品种可以起源于共同的祖先。但大自然把每种生物限制在一定的区域里，动植物种类完全处在这种限制的规律之下。达尔文长期观察所积累的材料与现实情况相吻合。他终于知道自然界是什么在起选择作用了。在复杂的生存斗争中，对生存有利的变异，就会使物种比较容易生存和发展；而对生存有害的变异，就使物种难于生存，甚至灭绝。为了和“人工选择”相对应，他把这种对有害变异个体的淘汰和对有利变异个体的保存，称为“自然选择”或者“适者生存”。自然选择每时每刻都使整个生物界发生最微小的变异，像人工选择一样在起着优胜劣汰的作用。1844 年，达尔文根据这几年的观察研究，扩充了 1842 年的那份草稿，一般称为《一八四四年概要》。

但此时达尔文的健康状况再度恶化，年仅 35 岁的达尔文不禁担忧起来，如果自己就这么死了，那么他的思想、他的理论、他这么多年的研究成果该怎么办呢？他不能让这一切与他的身体一起消亡，达尔文给他最亲爱的妻子写了一封遗书。遗书中说："如果我骤然死去的话，这封信就算是我最庄严的和最后的遗愿。我想，你会认为这同依法写在我的遗嘱上是一样的。我请求你拨出四百英镑作为出版的费用，请你自己或者通过亨斯洛来努力实现我的遗愿。我希望你把我的概要同那笔钱一起交给一个有资格的人，以便促使他去努力修改和扩充概要。我将把我在博物学方面的全部书稿交给他……我相信我的学说是正确的，哪怕它此时只能被一位公正而博学的评判者接受，这也将意味着科学进程中的一大步。"这封信现在珍藏在英国自然博物馆，现在来看达尔文写这封信好像多此一举，但足以看出达尔文十分清楚自己研究成果的价值。

1844年英国学界还发生一件大事，一本小册子——《造物遗迹》悄然风靡。这本书的结论是从太阳系到地球上的生物都遵循着自然规律而发展，世界是不断变化着的，高级生物是由低级生物慢慢演化而来。这种公然违反基督教义的书，被人们当作奇谈怪论，书的作者并没有署名，也许是惧怕当局追查。达尔文初读此书时，内心又激动、又担心、又遗憾。激动的是，世界上不是只有他一个人在研究生物进化问题；担心的是，此书的发表不知引起学界怎样的反应；遗憾的是，自己不是第一个提出这个见解的人。这样也好，达尔文可以提前看看各界对此种观点的反应了。虽然有心理准备，达尔文还是没有料到对此书的批驳如此激烈，教会和科学界竟然形成交叉火力对此书大肆批驳。达尔文知道这本书论据很不充分，作者的论证也不具有说服力，讲科学不彻底，讲宗教也不彻底，因此才引起了科学界和宗教界两方面的不满。达尔文的老师，地质学教授塞奇威克言辞激烈，还对作者进行人身攻击。这位曾对父亲说达尔文将成为著名学者的教授，此时让达尔文不寒而栗。达尔文心想也许多年以后当自己的著作发表时，这些曾经的老师兼朋友大概也会以同样激烈的言辞骂自己口出狂言、离经叛道吧！《一八四四年概要》虽然已经完成，但达尔文深感发表自己观点的时刻还没到来，他需要更多更坚实的论据来完善自己的理论，让人无法反驳，才能使自己立于不败之地。

当时英国权威的科学机构是林奈学会，这是为纪念瑞典博物学家林奈（1707—1778）所设立的。林奈对生物学发展做出了重大贡献，他建立了动植物分类的双名法，对当时的生物进行了系统的分类，结束了生物分类的混乱状况。他还认为物种是不变的，各个物种都是上帝分别创造出来的。他的思想得到了教会的支持，在 18 世纪占统治地位。

与林奈同时代的法国博物学家布丰（1707—1788）提出了地球自身形成的假说，他估计地球的历史远超过《创世纪》中所讲的 6000 年，物种由于环境的变化而产生相应的变异。布丰因为这些否定创世论的思想，受到巴黎大学和教会的警告威胁，他不得不公开发表悔过书，声称放弃所有可能与摩西故事相冲突的有关地球形成的说法。

拉马克（1744—1829）是法国生物学的奠基人之一，他堪称进化论的先驱。他的《动物学哲学》系统地阐述了他的进化观点，书中提出了“用进废退”和“获得性遗传”两个概念。他认为这是生物产生变异的原因，也是生物能够适应环境的过程。拉马克的进化思想遭到了居维叶及其拥护者的激烈反对。居维叶除了在地质学上提出“灾变说”，在生物学上也提出了自己的理论，他的观点是动物之间相互关联，是上帝特意创造的，上帝创造了四种结构完全不同的动物类型，分别是脊椎动物、软体动物、分节动物和放射动物。根据不同的地层发现了不同的动物化石，他才推论出“灾变说”。他的学生发展了居维叶的观点，宣扬物种经过地质上的灾变灭绝后，上帝又创造出新的物种出来，他们还计算出地球共发生了27次灾变，上帝也有27次的创造。

圣提雷尔（1772—1844）是法国的动物解剖学家，著有《解剖学的哲学》一书。通过自己解剖上的研究，他发现了动物具有同源器官和同功器官。比如鸟的翅膀和鲸的鳍，它们的功能不同，却在动物身体上占据着相同的位置，具有同样的骨骼和结构，应该有共同的起源，这种器官上的相似性被他称为“同源器官”。这显然含有否定上帝创造万物的意思，如果不同动物的器官具有同一来源，那它们就不是上帝分别创造出来的了。居维叶及其支持者们当然不能忍受这种观点，他们在巴黎科学院的会议上，对圣提雷尔发起了一场持续六个星期的大论战。圣提雷尔虽然得到了拉马克的支持，但他们的论据不充分，也不科学，有些甚至牵强附会，无法自圆其说。进化论的先驱者们失败了，神创论的统治思想更加稳固了。

前辈们的遭遇与《造物遗迹》事件让达尔文不得不谨慎对待自己书稿的出版，他还需要更充分的证据来论证自己的观点。达尔文的曾孙兰德尔·凯恩斯说："我相信达尔文将他的研究保持在秘密状态，是因为他意识到他的研究结果将是惊人的，所有信教的人都会攻击他的理论。如果那时他没有足够证据的话，人们甚至不会给他一个公平辩解的机会。因此，他需要时间来构建证据，从而使他的理论立于不败之地。"

这段时间内达尔文结识了很多新朋友，与他们保持了密切的通信。其中有一位名叫胡克的年轻人成为他的知音。约瑟夫·道尔顿·胡克(1817—1911) 比达尔文小 8 岁，英国植物学家，1839 年以海军军医身份跟随军舰到南极去探险。沿途他采集了许多动物和植物以及藻类和海洋生物的标本，在南极岛屿，他确认了 18 种被子植物、35 种苔藓、25 种地衣和 51 种藻类新种。他早就读过达尔文的航行日记，对他感铭极深。胡克之后还到过亚洲的印度、非洲、北美洲等多地进行植物考察。1865 年胡克担任闻名遐迩的英国伦敦皇家植物园园长。他的著述主要是关于植物志和植物分类学的，特别是他的植物分类学体系对植物学发展产生了重要影响。他还是亨斯洛教授的乘龙快婿。在以后许多年里，胡克为达尔文提供了许多植物学上的帮助和建议。自从胡克与达尔文相识后，他就成了达温庄园的常客，成了达尔文后半生交往最密切的朋友之一。达尔文给埃玛的遗书中多次提到了胡克，他把胡克当作值得托付自己一生思想成果的知己。达尔文跟胡克详细讨论过有关生物进化及物种起源问题，胡克经过自己的思考研究后，很认同达尔文的理论。

在《一八四四年概要》写完后，达尔文投入到了对蔓足纲动物的研究。蔓足类动物是节肢动物门、甲壳动物亚门的一个纲，包括藤壶、茗荷等。从 1846 年到 1854 年，达尔文整整用了 8 年的时间研究蔓足类动物，把这些原本在分类上非常混乱的物种搞清楚了。他搜集到尽可能多的蔓足类动物，每天都观察它们的形态变化及器官发育。8 年的辛苦工作换来的巨著《蔓足亚纲》，实际上没有给他带来多少收入的著作，使他在生物学研究方面经历了艰苦的训练，同时也积累了珍贵的经验。蔓足类动物的研究，最重要的意义在于证实了达尔文的进化观点，也让他了解到要辨别出各个物种和其变种之间的细微差别是多么的困难，需要足够的时间和耐心才能发现物种变异和进化的秘密。1853 年，达尔文获得了伦敦皇家学会的皇家奖章，这是对他科学研究的又一次肯定。

但这几年达尔文身体一直不好，长年患病对他的精神和情绪影响很坏。更大的打击是家里接二连三的噩耗。1848 年 11 月，他最敬爱的父亲罗伯特医生因病去世，达尔文悲恸万分，而自己卧病在床无法参加父亲的葬礼，更使他愧疚难当。1851 年 4 月，达尔文的掌上明珠安妮没能挺过传染病猩红热的侵袭，年仅 10 岁就去世了。达尔文在纪念安妮的短文中写道："我们已经失去了家里欢乐的源泉和我们老年时候的安慰。她一定知道我们是怎样地热爱她。啊！希望她现在能够知道，我们仍然深深地爱着她，而且将永远是这样！"达尔文在众多孩子中最疼爱安妮，这次打击甚至让他感觉到了宗教的虚假性，世界上这么多的罪恶和苦难，上帝却视而不见，妻子那么虔诚地祈祷丝毫没有减轻女儿的痛苦，也无法抹去达尔文和妻子内心的伤痛，这让他心里对上帝的敬畏大大地减少了。

《蔓足亚纲》的写作，让达尔文心力交瘁，他不得不休息一段时间。尽管他经常在躺椅上休息，或是陪孩子们玩耍，但物种问题却总是不请自来，脑子里一直在想有关自然选择的事情。鸽子的研究让他得到了第一手证据，他亲自实践证明了鸽子的同源祖先，他又研究了牛、羊、马、鸡的各个品种，更能确信每类家养动物都起源于一个野生物种。人们把自己需要的品种保存下来，经过一代代的繁殖成为现在最需要的品种。不仅动物界如此，植物界也是用同样的人工培育来筛选的。人类只选择利于自己的变异特征，动植物的遗传性把这些微小的变异逐渐累积，慢慢衍生出了新的物种，达尔文把个过程称为“人工选择”。马尔萨斯的人口理论给了达尔文灵感，正如人类社会的各种争斗一样，自然界中的残酷生存斗争没有片刻止息。环境对物种的制约，物种之间的资源抢夺，被达尔文概括为“适者生存”。正在达尔文集中精力撰写关于物种进化一书时，1858 年 6 月 18 日来自东南亚加里曼丹岛的一封信彻底打乱了达尔文的计划。

这封信是英国青年博物学家华莱士写给达尔文的。阿尔弗雷德·拉塞尔·华莱士（1823—1913），也是一名鸟类标本收藏家和甲虫搜集者。华莱士在 1848 年和朋友一起到南美洲亚马孙河流域进行了为期 4 年的考察，收集了很多动植物标本。不幸的是在回国的船上，自己的收集和素描笔记被一场火灾付之一炬。华莱士并没有气馁，在 1854 年动身前往东南亚，进行了历时 8 年的考察研究，这是达尔文的环球航行没有到过亚洲。华莱士与助手的陆上行程长达 2.3 万千米，野外考察让他获得了大量的动植物标本和地质学知识。华莱士根据自己的考察研究认为，物种都是按照先前的物种结构形成的——这已经非常接近生物进化的思想了。1858 年华莱士在马来西亚群岛考察，不幸感染了疟疾，卧病在床的他无法进行野外考察了，他便开始考虑之前研究过的物种问题。巧合的是，华莱士也从马尔萨斯的人口理论中获得了启发，十几年的自然考察让他总结出了这么一条规律：在一定的环境中，能更好地适应环境的物种会生存下去，不适应的就会逐渐灭绝。他把自己的想法写成了一篇论文《论变种无限地离开其原始类型的倾向》，并寄给了达尔文。他们早有书信来往，在生物进化方面颇有共同语言，华莱士十分钦佩达尔文，因此才把这篇论文寄给了他，请他指教。

可以想象达尔文读到这封来信时的心情，震惊、遗憾、失望、悲凉、悔恨之情五味杂陈。要知道在科学界谁先发现了真理谁就会获得独有的尊敬和荣誉，想当初牛顿和莱布尼茨因为微积分的发现权闹得不可开交，没想到这种事今天发生在了自己的身上。达尔文可以肯定在两人之前的通信中他从未提过生存斗争或适者生存的相关理论，也就是说年轻的华莱士经过自己独立的思考得出了与达尔文相同的结论，但是物种进化问题达尔文已经研究了二十几年了啊！达尔文不禁想起早在 1855 年，赖尔就劝告他尽早把研究多年的资料写成论文发表出来，免得有人捷足先登，夺去优先权。达尔文当时内心也很纠结，他在给赖尔的信中写道："您叫我把自己的观点写成一个摘要，关于这一建议我不知道该怎么办，我再考虑考虑吧！这实在有违我的写作志愿。要知道写一个简单的概要是绝对不可能的，因为每一个命题都需要大量的事实做依据……我很痛恨为急得优先权而从事写作的这种想法，但如果有人抢先一步发表了我的学说，我也一定会很懊恼。但无论如何，我对您给我的关心表示衷心的感谢！”达尔文还把自己矛盾的心情告诉了胡克，并请求他的建议。胡克在这个问题上表示非常同意赖尔的看法。达尔文其实已经听从了好友们的建议，开始撰写概要了，只是一动笔，多年的研究材料涌现眼前，概要一再扩充，变成了大部头的著作，所以才迟迟没有发表。没想到赖尔一语成谶，华莱士要独占鳌头了。

华莱士的信中并没有请求达尔文替自己发表文章，但正直的达尔文不能装作什么都不知道，此时达尔文的一个小儿子又病重，他也没有心思管这些事了，打算退避三舍。他把华莱士的信和论文一起转寄给了赖尔，并写信给赖尔说：“您的话惊人地变成了现实，那就是别人跑在了我的前面……我从未看到过比这件事更为显著的巧合了，即使华莱士手中有我 1842 年写出的那个草稿，他也不会写出一个比现在更好的摘要来，甚至他用的术语现在都成了我那些章节的标题……

我会立即写信给他，建议他把论文寄给刊物发表。我的创造，不论价值几何都将被粉碎了，但我的书如果真有价值的话，也不会逊色……”从这封信中我们可以看到，达尔文一方面高度评价了华莱士的文章，充分体现了达尔文作为一名科学家的坦诚正直的高尚品德；一方面又深感悔恨，很遗憾没有听从赖尔的建议尽快写作发表。面对自己殚精竭虑的创造，科学家和普通人一样有维护自己劳动成果的要求，这点无可厚非。

赖尔收到信后马上去找胡克，商量这件事该如何处置才能对得起两位学者的辛勤劳动。赖尔一边替老友达尔文不平，达尔文环球考察时，华莱士还是个小孩子呢！一边又怪达尔文凡事都要求完美，不早点写出东西来。胡克想了个办法，那就是让华莱士和达尔文的论文同时发表，赖尔欣然同意，这样做本身也符合实际情况。他们让达尔文在以前草稿的基础上写一个摘要，与华莱士的论文一起发表。整个事件非常清楚，华莱士和达尔文两人不存在抄袭问题，两位杰出的学者通过各自独立的考察研究得出了相同的生物进化理论。实际上两人的结论虽然相同，但论证过程有根本的不同，达尔文是根据家养动物的人工选择运用到自然界的生存竞争，华莱士却认为人工选择不能运用于自然界，生物之间的生存斗争才会使生物发生变异。赖尔和胡克的决定对两个人来说是公平公正的，既尊重了事实，也尊重了两位学者的辛苦劳动。

1858 年 7 月 1 日晚上，在林奈学会的报告厅里，赖尔和胡克当众宣读了达尔文和华莱士的论文，虽然达尔文因病没出席，华莱士远在东南亚，历史还是做出了公正的裁决。在场的各界学者一方面为这种惊人巧合而感叹，一方面被两人的理论所吸引，因为论点新奇，大家一时不知该如何回应。两人的论文合并在一起发表在《林奈学会会报》上，并没有引起很大的反响。达尔文揣测，进化论虽然不是什么新名词，但他们两人的论证、论据都超出了拉马克等先驱的研究，人们需要时间来思考消化两人的论文，而反对者们面对新的进化论者则更需要时间来迎接挑战。

这件事过后，胡克帮达尔文写了一封信给华莱士，向他解释了整个事情的经过。难得的是华莱士得知原来自己敬佩的达尔文跟自己研究的是同一课题后，主动放弃了成为进化学说创始人的念头，还向大家表明如果不是按照达尔文的研究方法，他不可能研究如此困难的问题。在《物种起源》出版后，他称达尔文是“进化论的创始人”，自己是“达尔文主义者”，还认为“达尔文不仅可以和牛顿相媲美，而且他的工作将永远被看成19世纪自然科学的最大成就之一”。华莱士和达尔文谦虚诚实的高尚品德，赖尔和胡克助人为乐的精神，都让他们成为当之无愧的大科学家，成为今天我们治学和为人的榜样。其实，达尔文和华莱士的不谋而合，看似是偶然事件，其中也包含着必然因素。19世纪中叶，由于生物学、地质学和其他自然科学的发展，当时很多人都收集到了大量的证据来证明创世是种演义，进化论的产生从认识论的角度来说是一件水到渠成的事情。

《物种起源》

“华莱士事件”敦促着达尔文抓紧写作关于物种进化一书，他不能无限制地拖延下去了，毕竟时不我待。1858年7月下旬至8月上旬，他完成写作提纲和第一章自然选择，11月完成本能和杂交两章，12月底，完成了近300页的手稿。1859年3月，写完了有关地理分布、形态学、胚胎学等最后一章。初稿已经完成，剩下的就是找出版社商议出版事宜了。达尔文把拖了十几年的著作在不到一年的时间里写了出来，身体严重透支，所以他把这件事委托给了赖尔。19 世纪 50 年代，英国的出版商大都乐于出版通俗的文学作品，伦敦的出版商人约翰·默瑞正在犹豫是否接达尔文的这本书。他曾经出版过赖尔的《地质学原理》，虽然反响不错，但毕竟是科学专著，赚钱不多。特别是他知道了达尔文的书稿内容后，心里更觉得没底了。达尔文的观点在他这个书商看来标新立异，他隐约觉得这本书也许奇货可居。赖尔竭力劝说，他以科学史上一些伟大的标新立异的著作来说服默瑞先生，比如哥白尼的《天体运行论》，伽利略《关于托勒密和哥白尼两大世界体系对话》。默瑞心想先少印一点，看看读者反映再说吧！因此他答应赖尔首印 1250 册。

按英国当时出版界的惯例，出版社只负责封面设计及印刷、发行，编辑、校对都由作者负责。达尔文身体虚弱，写完初稿都像在鬼门关走了一趟似的，所以编辑校对工作都是埃玛和胡克帮助完成的。4 月份，初稿的清样排印出来，达尔文迫不及待地拿来阅读，但他简直失望透顶，觉得自己的文笔太差了，文体枯燥乏味，读者一定会没有兴趣看这样的书。他给默瑞写信说：“我发现文体坏到令人难以置信……我很抱歉，需要修改的地方太多了。”达尔文之所以这样重视文笔、修辞和文体，是因为他的写作志愿一直都是用最优美流畅的语言把科学真理奉献给最广大的读者，如果因为文笔原因阻碍了读者的阅读，那他无论如何都不会原谅自己。

达尔文一直修改书稿到 9 月底。11 月中旬，《物种起源》第一批书提前送到寄赠人手中。达尔文深知这本书的功劳绝对不只属于自己，他的至交好友都有一份心血在上面，亨斯洛、塞奇威克、赖尔、胡克、华莱士、欧文、赫歇尔等等，他想让这些好友第一时间看到这本书。1859 年 11 月 24 日《依据自然选择，即在生存斗争中适者被保存的物种起源》（简称《物种起源》）正式出版发售。令所有人想不到的是首印的 1250 册在当天就抢购一空。这可乐坏了默瑞，他的书店可从来没像今天这么热闹过，熙熙攘攘的人群里有年轻的学生，彬彬有礼的绅士，还有畜牧家、园艺家，竟然也有穿着黑色道袍的牧师。不仅默瑞的书店，伦敦各大书店在这一天都卖空了，在当时英国同类书籍中，达尔文创造了一个出版奇迹。《物种起源》的热卖不仅要归功于达尔文思想的科学性、先进性，还要归功于他众多好友的提前宣传。赖尔和欧文在之前的科学会议上都替达尔文宣传过这本书，所以，在学界《物种起源》绝对是未印先热。原本的科学专著成为畅销书，默瑞抓住商机赶紧加印，1862 年，《物种起源》就已出了到第五版，并译成了三种语言发售。

《物种起源》除去引言共 14 章，达尔文把自然选择的理论分为若干章节，并在每一章结束时都有一个内容提要来帮助读者阅读。

第 1 章：驯化变异。主要内容：变异性的原因——习性的效果——相关生长——遗传——家养变种的性状——难以区别变种和物种——来自一个以上物种的家养变种起源——各种家鸽、差异和起源——古代依据的选择原理及其效果——有计划选择和无意识选择——家养产品的未知起源——有利于人工选择的情况。

第 2 章：自然变异。主要内容：变异性——个体差异——存疑的物种——分布广、分散大和普通的物种变异最多——各地大属的物种比小属的物种变异更频繁——大属里许多物种就像变种，有很密切的、但不均等的相互关系，并且分布区域有限。

第 3 章：生存斗争。主要内容：对自然选择的影响——该术语的广义——几何级数的增加——归化动植物的迅速增加——抑制增加的性质——竞争的普遍性——气候的影响——个体数目的保护——全体动植物在自然界的复杂关系——同种的个体和变种间的生存斗争最剧烈；同属的物种间也往往剧烈——生物与生物的关系是一切关系中最重要的。

第 4 章：自然选择。主要内容：自然选择——其力量和人工选择的比较——其对于不重要性状的力量——对丁各年龄和雌雄两性的力量　　性选择——论同种个体间杂交的普遍性——对自然选择有利和不利的条件，即杂交、隔离、个体数目——作用缓慢——自然选择所引起的灭绝——性状的分歧，与任何小地区生物多样性的关联以及与归化的关联——自然选择，通过性状的分歧和灭绝，对于共同祖先的后代的作用——解释一切生物分类。

第 5 章：变异的法则。主要内容：外界条件的影响——与自然选择相结合的用与废；飞翔器官和视觉器官——气候驯化——相关生长——生长的补偿和节约——假相关——重复的、残疾的及低等体制的构造易生变异——发育异常的部分易于高度变异：物种的性状比属的性状更易变异：次级性征易生变异——同属的物种以类似方式发生变异——长久亡失的性状的重现。

第 6 章：学说的难点。主要内容：伴随着变异的遗传学说的难点——过渡——过渡变种的不存在或稀有——生活习性的过渡——同一物种中的多样化习性——具有与近缘物种极其不同习性的物种——极端完善的器官——过渡方式——难点的个案——自然界没有飞跃——重要性小的器官——器官并不统统都是绝对完善的——自然选择学说所包括的模式法则和生存条件法则。

第 7 章：本能。主要内容：本能与习性可比，但起源不同——本能的分级——蚜虫和蚁——本能是变异的——家养的本能及其起源——杜鹃、鸵鸟以及寄生蜂的自然本能——蓄奴蚁——蜜蜂，营造蜂房的本能——自然选择学说应用于本能的难点——中性或不育的昆虫。

第 8 章：杂种性质。主要内容：第一次杂交不育性和杂种不育性的区别——不同程度的不育性不是普遍的，受近亲交配的影响并因家养而消除——支配杂种不育性的法则——不育性不是特别的禀赋，而是伴随其他差异而起——第一次杂交不育性和杂种不育性的原因——变化了的生活条件的效果和杂交的效果之间的平行现象——变种杂交的能育性及混种后代的能育性不是普遍的——不考虑能育性，杂种和混种的比较。

第 9 章：论地质记录的不完全。主要内容：论今日中间变种的不存在——论灭绝的中间变种的性质及其数量——从沉积速率和剥蚀速率来推算时间的经过——古生物标本的贫乏——地质层的间断——在任何一个地质层中中间变种的缺乏——物种群的突然出现——物种群在已知的最下化石层中的突然出现。

第 10 章：论生物的地质演替。主要内容：新物种慢慢地陆续出现——论其不同的变化速率——物种一旦灭亡即不再出现——出现和消灭时物种群和单一物种所遵循的一般规律一样——论灭绝——论全世界生物类型同时发生变化——灭绝物种相互间及其与现存物种的亲缘——论古代类型的发展状况——论同一区域内同一模式的演替。

第 11 章：地理分布。主要内容：今日的分布不能用物理条件的差别来解释——障碍物的重要性——同一大陆上生物的亲缘性——创造的中心——由于气候的变化，土地高低的变化及偶然原因的散布方法——冰期中的散布——南方北方的冰期交替。

第 12 章：地理分布（续）。主要内容：淡水生物的分布——论海洋岛上的生物——两栖类和陆栖哺乳类的不存在——岛屿生物与邻近大陆上生物的关系——从邻近原产地移来的生物及其以后的变化。

第 13 章：生物的相互亲缘关系：形态学、胚胎学、残迹器官。主要内容：分类，群下有群——自然系统——分类规则和难点，依据变异传承学说来解释——变种的分类——传承常用于分类——同功的或适应的性状——一般的，复杂的，放射状的亲缘关系——灭绝分开并界定生物群——同纲成员之间、同个体各部分之间的形态学——胚胎学的法则，依据不在幼龄发生、而在相应年龄遗传的变异来解释——残迹器官，及其起源的解释。

第 14 章：重述与结论。主要内容：对自然选择学说难点的重述——支持自然选择学说的一般和特殊情况的重述——相信物种不变的一般原因——自然选择学说可以引申到何种程度——自然选择学说的采用对于博物学研究的影响。

《物种起源》出版时，达尔文已年过五旬了，二十多年的深思熟虑和艰苦劳动汇聚成了眼前的这本书，这不仅是达尔文个人生活中的大事件，也是人类历史的大事件。他的最终目的是让读者了解世界上的物种都是借助于自然选择而进化的，为了避免引起纷争，他故意避开了两个话题，一个是万物的最初起源，一个是人的进化过程。整部书给人的感觉就是尽可能多地呈现给读者证据，让读者自己进行思考判断。达尔文没用那种绝对的、权威的语气教导读者，也没有把自己的观点强加于人，更没有对与自己对立的观点横加指责，他似乎是在邀请所有人一起跟他讨论问题。新世界的大门就这样被达尔文轻轻推开了。

人类知识的累积已经到了一定的阶段，跟华莱士一样，达尔文不是孤独的行者。《物种起源》一出，他就有了更多的知音，生物进化的观点被很多人接受了，有的人成为达尔文理论的追随者。比如当时的植物学家华生，他写信给达尔文，称“自然选择”理论会被当作真理为人们学习，达尔文是 19 世纪博物学家中最伟大的革命者。华莱士也是最积极的拥护者，把自己当作“达尔文主义”的追随者。博物学家赫胥黎甚至表示为了支持达尔文的观点准备接受火刑，他对达尔文说：“如果我没有错的话，很多的辱骂和诽谤已经为你准备好了，希望你不要为此而感到任何的厌恶和烦忧。你可以信赖一点，你已经博得了一切有思想的人们的永久感激。至于那些要吠、要嗥的恶狗，你要知道你的一些朋友们还有一定战斗性——我正磨利我的爪子和牙齿时刻做好了战斗的准备。”

达尔文最敬重的科学家，最重要的好朋友，赖尔却只对这部书做了适度的肯定，尽管他热情地促成了《物种起源》出版，无私地帮助达尔文解决了很多事情，但他对进化论的态度还是没有转变。当初赖尔也是反对居维叶“灾变说”的斗士，他和达尔文的根本分歧在于是否相信神创论，达尔文坚信自己在这个问题上是正确的，他连续写了好几封信给赖尔，摆事实讲道理，请求赖尔好好地阅读和思考《物种起源》中的观点。赖尔不愧为一位坚持真理的、正直的科学家，在达尔文和胡克的帮助和劝导下，自己反复阅读思考达尔文的书，终于否定了过去错误的自己，成了进化论的支持者。更可贵的是，赖尔在自己的《地质学原理》第10版当中，以专业严谨的进化论的态度对新的版本做了大规模的修改，他这种对真理的热爱，敢于正视自己错误的勇气值得所有人学习。

达尔文最初的兴奋与激动过去了，他没有被各界人士的赞赏支持冲昏头脑，他在静静等待着。《物种起源》的确在热卖，但达尔文知道这并不代表读过的人都会接受生物进化的观点。在当时的西方国家，几乎所有人都是信宗教的，科学家们也一样。虽然达尔文避开了有关造物主的问题，没有任何直接反对神创的言语，但所有人都明白达尔文没留给造物主任何位置，他就这样揭开了大自然神秘的面纱，向大家道出了那个"秘密中的秘密"。《物种起源》的出版对教徒们来说不啻为一颗重磅炸弹，狂风暴雨似的批评终于来了。支持达尔文的人是不少，但反对他的人多得数不胜数。有些反对者不认同达尔文的研究方法，批评他的很多理论并不是从事实和观察中得出来的，只是达尔文自己的推断，这属于学术层面的讨论，达尔文自然欢迎。但大多数的反对者并不从学术角度批评，他们不分青红皂白、坚

决地否定进化论，从各个方面无理地攻击、讽刺、谩骂达尔文。

让达尔文难过的是，一些昔日的老师、朋友也加入了反对行列。在剑桥学习时的地质学老师塞奇威克撰文激烈地抨击达尔文，他故意称自己是“一个猴子的后代，同时也是你的老朋友”，他说达尔文的书“使人感到了极大的痛苦，简直是令人难以忍受的恶作剧”，如果达尔文不相信万能的上帝，如果达尔文的理论散播出去，那么“人类就会受到损失，人性会因此受到摧残，人类就会因此堕落”，他态度坚决地说，“为了表示我对他的理论中顽强的唯物主义的憎恨，我决不停止我的批评”。欧文教授与达尔文有 20 年的交情，在达尔文的那篇“遗书”中，他把欧文列入编者候选人之一。曾经那么信任的朋友，现在所做的就是用最恶毒的语言攻击达尔文及其进化学说，令人想不到的是他还故意挑拨赖尔与达尔文之间的关系。当时还有人写讽刺小说，把达尔文描写成“一个固执的老头”。欧洲大陆上甚至有人直接把《物种起源》当作小说，称进化论只是达尔文“天真的白日梦”。还有一些讽刺漫画，把达尔文和猴子画在一起勾肩搭背、称兄道弟。

没过多久，《英国科学协会会报》上刊登了一篇匿名文章，作者利用《物种起源》中提出的一些达尔文尚未解决的疑难问题来抨击进化学说，对自然选择做了恶意的歪曲。文章蛮不讲理地说如果现在的物种是由少数遥远的祖先经过自然选择变化而来，那么“白菜可能是最早的植物，而鱼可能是最早的动物。最早的动物也可能是鲸鱼”。作者把矛头指向“人的起源”这个最具爆炸性的问题上，嘲笑达尔文把小说中由猿变人的故事当成了事实哄骗大家，并不顾事实地反问道：“如果猿猴变成了人，那么人又将变成什么呢?”最后还不怀好意地挑拨道：“达尔文先生对得到德高望重的科学家们的赞许并未抱多大希望，他把宝押在青年身上，像他曾经说的那样寄希望于摆脱枷锁的人……神学家们有权这样说，创立复杂的、把神排除在重复的创造行为之外的理论有什么意思呢？为什么不老老实实地承认，新的物种是上帝创造的呢……我们在向读者介绍作者及其著作之后，应该把他交给神学院、大学、教堂和博物馆去摆布才是。”这位匿名者公然要求借助宗教势力处置达尔文。

根本用不着这些不敢署名的胆小鬼们挑唆，

黑袍卫道士们早就对《物种起源》展开攻击了，他们甚至创建了一份专门反对进化论的杂志《雅典神坛》。有人敏锐地指出《物种起源》的中心是排斥上帝，最后还道貌岸然地呼吁："请所有的教堂、学校和博物馆宽恕这本书和它的作者吧。"牛津的大主教带领教徒们，在英国各地布道，宣称要和进化论展开坚决的斗争，把进化论歪曲成亵渎神灵的异端邪说，而达尔文是魔鬼的信徒，是大逆不道、十恶不赦之辈。大主教威尔伯福斯公然要求英国政府介入，强制性停止出版《物种起源》，没收并销毁已出版的书。

在《物种起源》出版前的几个月，为表彰达尔文这么多年在自然科学界的贡献，英国首相帕默斯顿向维多利亚女王提交了册封达尔文为勋爵的提案。杰出的科学家和文学家被册封的在当时并不少见，赖尔就有勋爵爵位。《物种起源》面世后，教会立即对册封一事进行干预，虽然女王的丈夫阿尔伯特亲王极力支持达尔文，但女王迫于压力最终拒绝了提案。

面对教会无孔不入的强大势力，达尔文没有退缩，进化论的支持者们也没有退缩。英国《泰晤士报》上发表了一篇匿名文章，与《英国科学协会会报》的匿名文章针锋相对、据理力争，发出了捍卫真理的最强音。文章一开始就把人们从无聊的口舌之争中拉出来，理智地问所有人，评论《物种起源》是依据事实还是依据正统观念？答案当然是前者，科学就是要面对事实解决问题。达尔文列举的大量事实，任何人都可以去验证，他的理论并不是塞奇威克所说的那样像“一串美丽的肥皂泡”不合实际，进化学说建立在坚实的论据之上。他倡导大家要敢于怀疑，“这种怀疑态度是高度热爱真理的表现，它既不停留在怀疑上，也不屈服于不合理的信仰。”这篇文章像一场及时雨，有力地回击了反对派的猖狂攻击。达尔文看到这篇文章后，立即写信给赫胥黎，问他知不知道这篇文章的作者是谁，“作者应该也是一位渊博的博物学家。他的文笔和思想都非常清晰而有力，更难得的是他的文章中洋溢着最使人感到愉快的智慧”，达尔文还试探地说“在英国只有一个人能写出这篇文章，那就是你”，但他又无法肯定赫胥黎竟然有这么大的能耐在权威的《泰晤士报》上发表文章，只能说道：“不论这个人是谁，他对这一事业已做了伟大的贡献，这样远胜在普通刊物上发表 12 篇书评。如果你认识这位作者，请一定告诉我他是谁啊！”达尔文并没有猜错，赫胥黎说到做到，成为捍卫进化学说的斗士。

托马斯·亨利·赫胥黎（1825—1895），20岁就通过了伦敦大学的医学士考试，1846～1850年以海军军医身份航行澳大利亚，研究海洋动物；1851年当选为英国皇家学会会员，开始在科学界崭露头角。1854年担任伦敦矿业学院教授，并在学校建立了地质博物馆。1871～1885年任英国皇家学会秘书、会长，同时被至少53个海外科学团体授予荣誉称号。他在比较解剖学、海洋生物学、人类形态学和古生物学等方面做出了杰出的贡献。赫胥黎反对欧文的自然哲学派，欧文是坚定的神创论者，并认为生物构成的基础是预定好的，还为脊椎动物的结构提出了一个“原始模式”的研究方案，赫胥黎根据胚胎学上的发现驳斥了欧文的荒诞理论。赫胥黎的主要著作有《人类在自然界的位置》《脊椎动物解剖学手册》《无脊椎动物解剖学手册》《进化论和伦理学》等。五四时期，风靡中国学界的《天演论》，就是严复对赫胥黎《进化论和伦理学》的翻译。

实际上，对于达尔文的进化学说，赫胥黎一

开始是持观望态度的，他既不相信神创论，又觉得证明生物进化的证据还不够多。他曾与他的朋友——哲学家斯宾塞多次讨论过进化论的问题，斯宾塞则从哲学方面表示支持进化论。赫胥黎后来回忆初读《物种起源》的印象，他觉得这部书像“闪电的光芒，突然间为在沉沉黑夜中迷了路的人照亮了他回家的路，或者是去别的地方的路，但是一定是他要去的地方”。他虽然写信给达尔文表示为他的进化论与反对派们斗争到底，但他心里还是有不少疑惑和意见的。正因为赫胥黎是一位诚恳、正直、追求真理的科学家，他才会有这些疑虑，进化论当然有值得商榷、需要完善的地方，然而这些疑虑并不阻碍赫胥黎为进化论奋斗。

反对派们当然不会因为赫胥黎的一篇文章就偃旗息鼓，他们正处心积虑地谋划着一场战争，打算把进化论者一网打尽，让他们一败涂地，重现当年打败圣提雷尔和拉马克的盛景。一场科学与宗教、真理与谬论的战斗才刚刚拉开序幕。

牛津论战

针对达尔文个人的那些恶毒的语言、犀利的

言辞、辛辣的嘲讽，他可以置之不理、泰然处之，但对那些歪曲他的观点、散播谣言的人，他无法忍受却又无可奈何。铺天盖地的压力向他袭来，原本就体弱多病的身体变得更衰弱了，他不禁自我怀疑起来，他在给友人的信中说："我开始认为我自己完全错了，我成了一个最愚蠢的人，但我无法相信，难道赖尔、胡克、赫胥黎、华莱士、葛雷、华生等人也都是蠢材吗……不管怎样，时间会说明一切，而且只有时间。"

在牛津大主教威尔伯福斯率领教徒四处游说时，达尔文的好友和支持者们也没有坐以待毙，赫胥黎和胡克也在大力宣扬进化论，争取那些左右摇摆的科学家、青年学生们站到真理支持者的阵营来。更多的人都处在观望之中，他们一时无法完全理解进化论，又觉得达尔文说得比较有道理，相传千年的唯心主义的世界观和认识论是无法立时转变的。公众的期待为支持者和反对者提供了一个绝佳的舞台。

1860 年 6 月，英国一年一度的科学协会在牛津大学自然博物馆召开，人们都在谈论着《物种起源》。牛津主教塞缪尔·威尔伯福斯，生于 1805 年，比达尔文大四岁，他仪表堂堂、风度翩翩、才辩无双，担任过阿尔伯特亲王的牧师，威乐伯福斯在大学期间就热衷辩论，是当时公认的最出色的辩论家之一。达尔文及其进化学说对于他的世界来说是绝无仅有的挑战，也是危险至极的威胁。威尔伯福斯为这场大会准备已久，他想凭借自己的威望和才能，在大会上将进化论一举驳倒。他发布消息说 6 月 30 日他将就进化论发表演说，欢迎大家前去观看指教。

赫胥黎和胡克刚开始得知消息后，没打算前去听这个演说，他们觉得在这种公众场合无法进行正常的学术交流，反对派那些无理取闹的纠缠，对公众理解进化论没有好处。但赫胥黎碰到了一个人，他就是那本《造物遗迹》的作者，来自英国爱丁堡的报人和出版商罗伯特·钱伯斯。他的匿名书当初遭遇了猛烈的攻击，但因匿名无人回应，最后不了了之。钱伯斯非常支持达尔文的进化论，他觉得《物种起源》比他的《造物遗迹》好多了，他力劝赫胥黎出席威尔伯福斯的演讲，不要抛弃他们这些支持者。赫胥黎跟胡克商量后决定去听威尔伯福斯的演讲，看看他们葫芦里到底卖的什么药。而主角达尔文跟往常一样，在乡下养病，对这些消息一无所知。

6月30日上午，威尔伯福斯的演讲内容是有关进化论的，这个消息不胫而走，人们口口相传，英国各大报刊记者和各界社会名流纷纷到场，大学生当然也不甘落后。原本计划在博物馆报告厅举行的演讲因到场人数太多，临时移至图书馆。会议在嘈杂声中召开了，在威尔伯福斯前面还有几位演讲者，其中有一位达尔文的老朋友——菲茨·罗伊舰长，他当众说：“达尔文先生曾经在我率领的贝格尔舰上做过考察工作，我们在一起工作了5年。那时候我感到他是一位勤勉的博物学家，还没有《物种起源》这本书的那些蔑视上帝的观点。现在，达尔文先生背叛了他自己，背叛了他的朋友，编造一个物种起源的理论来诋毁万能的主的创造。我要对《物种起源》这本书进行强烈的谴责，对达尔文先生提出强烈的抗议！抗议他写出这样一本邪恶的书！”舰长一生都是个虔诚地教徒，在环球航行时他与达尔文就奴隶制一事发生过冲突，他们两个人本来就有原则上的分歧，现在菲茨·罗伊终于向达尔文爆发了。年迈的舰长晚年脾气愈加暴躁，前几年的工作也不顺利，今天总算找着一个发泄口了，他唾沫横飞、气急败坏、挥舞着拳头，教士们为他攻击达尔文的那些语言喝彩。赫胥黎对他们这种撒泼的行为不以为然。

上午10时左右，英国科学协会会议主席亨斯洛请威尔伯福斯上台演讲。后来有人猜测说请达尔文的恩师亨斯洛担任会议主席，是为了羞辱他们这些站在达尔文一边的人，因为他们认为自己赢定了。亨斯洛教授其实也没有完全理解进化论，尽管不完全同意达尔文的观点，但他了解达尔文，为了达尔文他还与塞奇威克争辩过。

我们的大主教从容不迫地上台演说了，他早已准备就绪，众多信徒们以热烈的掌声欢迎他。威尔伯福斯非常擅长演说，他能言善辩，口若悬河、滔滔不绝："女士们，先生们，今天我在这里发言，就是要对达尔文先生在他的书中散布的粗野的世界观进行回击。这种粗野愚蠢的世界观要我们不去信仰万能的上帝，胡说什么动物和植物都是自己变化来的。这是对基督的挑战，是彻头彻尾的渎神行为。上帝的子民们，我们能容忍达尔文先生的挑衅吗？不能！绝对不能！今天我要对达尔文先生渎神的物种起源理论痛加驳斥。"一番鼓动人们宗教情感的开场白赢得了追随者们的阵阵欢呼。接着他绘声绘色地说："达尔文先生要我们相信所有的动物和植物，每一头四脚兽，每一条爬虫，每一棵植物，每一尾鱼，每一朵花都由第一个原生细胞传下来。试问，哪一个特殊的细胞能配得上如此殊荣？”“达尔文先生宣传这种谬论，就是不让我们相信神的存在和神的全能，是要我们背叛正统的宗教，我们能相信达尔文先生的这一套吗？我们的信仰是上帝在伯利恒赏赐给我们的，是他在橄榄山上对我们宣讲的，是耶稣复活的那天启示出来的，我们怎么能抛弃上帝的恩赐去相信达尔文的谬论呢？”主教振振有词的发问，赢得了人们热烈的回应。

他十分会掌控现场的气氛，接着说：“从达尔文先生的理论中，我们只能得出两种结论：要么人类缺少一个不朽的灵魂，要么每个动物、每个植物都有一个不朽的灵魂。每只虾皮、每个土豆，甚至一条蚯蚓都有不朽的灵魂。如果真是这样，我想今天晚上我们回家以后，谁也没法吃下一份牛排了！”在众多教士们的眼中，主教幽默风趣、妙语连珠，有人禁不住赞叹，听主教演说像喝蜂蜜一样！反对者们看着会场中热烈的反应，个个喜上眉梢，得意扬扬，他们以为进化论就此可以烟消云散了。

威尔伯福斯深知演讲的诀窍，他知道赫胥黎一会儿肯定会上台反击，他要从心理上震慑住他。突然间，他指向观众席上的赫胥黎质问道："最后，我想请问一下坐在我对面的，企图把我撕得粉碎的赫胥黎先生，你相信猴子是人类的祖先，那么，究竟是你的祖父还是你的祖母，同猿猴有亲属关系?"这种无礼粗鲁、明目张胆地挑衅引得那些反对派们哄堂大笑，在一片欢呼声中威尔伯福斯自鸣得意地下台了。

亨斯洛接着请赫胥黎上台发言。年仅 35 岁的赫胥黎镇定从容，他没有被主教的挑衅激怒，也没有被他的花言巧语所迷惑。威尔伯福斯是能言善辩，舌灿莲花，但他犯了一个致命的错误，千万不要在自己不擅长的领域大放厥词。赫胥黎可以断定威尔伯福斯根本没有认真读过《物种起源》这本书，在生物学领域他连基本常识都没有，刚才他讲的一番话，除了毫无意义的谩骂嘲笑外，全都是牛头不对马嘴的胡言乱语。赫胥黎不打算在言语上纠缠不休，他就事论事，把主题拉回到《物种起源》上，他开门见山地列举达尔文和他自己在实地科学考察中收集到的各种证据，然后有理有据地合理推论，大量的研究成果

表明物种是逐渐进化而来，达尔文的进化学说虽然仍多缺陷，但基本的理论是完全正确的。

赫胥黎慷慨激昂地说道：“我如果能发表预言，那么我会说现任牛津大主教的名字将来会被人遗忘，而那个被主教称为‘粗野愚蠢’的理论创始人的名字，将会被人们一代代地纪念下去。这已经不是第一次了，在历史上，凡是有关地球的重大发现，都跟当时的基督教统治相抵触。当伽利略提出证据证明地球不是宇宙中心，而是跟其他行星一起围绕太阳旋转时，基督教就把他当成异教徒判了刑。伽利略被迫沉默了，但是地球仍在绕着太阳旋转。在此我奉劝主教大人，背叛理智的人都是愚蠢的，特别是在他嘲笑其他理智的人的时候。”

最后，他针对主教的奚落，不卑不亢地说：“关于人类起源于无尾猿的问题，当然不应该像主教先生那样做粗浅简单的理解。我们所主张的，是说人类在很久很久以前和无尾猿有共同的祖先，人和猿是从共同的祖先起源的。我们是把人类和无尾猿的关系当作一个科学问题来研究的。可是，主教先生完全不是以研究科学的态度向我提出问题，而是利用听众的宗教情感对我发难。既然这样，我就只好把我曾要讲过的话重新再说一遍，来回答主教先生了。一个人没有任何理由要为他的祖先是无尾猿而羞耻。因为任何正直高尚的人都会承认科学确证了的事实。我认为，感到羞耻的倒是这样一种人：他无视事实，信口开河，用夸夸其谈来掩饰自己的无知，用花言巧语来颠倒黑白，转移大家的注意力，以宗教偏见来压倒对方。如果我必须在下面二者中选择我的祖先：一边是猿猴，一边是一位天赋卓越、颇具影响的人物，但这个人物却在严肃的学术讨论中混淆是非、哗众取宠，那么我将毫不犹豫地选择猿猴当我的祖先！”

精彩绝伦、高潮迭起的论战让听众瞠目结舌，一位女士甚至因太过激动晕了过去。赫胥黎掷地有声的演讲博得了大多数听众的好感，他的话音一落，现场就响起了经久不息的掌声。胡克和亨斯洛作了最后发言，都为达尔文及其进化学说进行辩护，许多年后，他们在撰写自己的回忆录时都为自己在这场论战中担当的角色而深感自豪。

现场气氛发生了微妙的变化，大主教和信徒们眼看大部分听众就要倒向对方，个个忧心忡忡。就在这时，菲茨·罗伊气愤地高举着《圣经》离开了会场，嘴里还不断高喊“圣书啊，圣书”。主教和教士们随即一哄而散，趁机结束了这次论战。有意思的是，当天晚上两方人员都举行了宴会，庆祝论战的胜利。第二天，英国各大报刊都比较客观地报道了这次论战。胜利与否，当然不是自己说了算的，就像达尔文说的那样，时间是最公正的裁判，进化论的支持者们才是胜利的一方。

牛津论战是科学在发展过程中与宗教势力不可避免的一场交锋，两方针锋相对、剑拔弩张的辩论注定被载入史册。与 30 年前在巴黎大学的那场论战不同，这次进化论的支持者们没有被驳倒，并且有力地回击了神创论者的挑衅和进攻，捍卫和宣传了真理，争取了许多观望中的学者和群众，使舆论慢慢倒向达尔文一边。当然，反对进化论的行动并不会因此销声匿迹，转变人们的世界观和认识论，是一项长期而艰巨的任务。

声名远扬

牛津论战因达尔文而起，达尔文事后才知道整个事件的来龙去脉。他立即写信给赫胥黎，

“牛津的辩论具有重大的意义，它表明有几位第一流的人物不怕讲出自己的意见。”在另一封信中说道：“胡克写信告诉我说，您同威尔伯福斯那一仗打得漂亮，您对牛津主教的回答太好了。我想我的朋友们（特别是您）一定是怨恨我的，因为我惹起了这么多的是非，给你们增添了这么多的麻烦……我对您的勇气表示敬佩，我是宁愿死去也不会在那样一个会议中回答牛津主教提出的问题的。”

当时有人评论说，如果达尔文的进化论是一只蛋的话，那么赫胥黎就是孵化这只蛋的人。牛津论战后，赫胥黎为宣传进化论不遗余力，他利用星期天的休息时间，在各地教堂向普通群众做宣讲，他广博的知识、通俗的语言、翩翩的风采吸引了很多观众，当中有小市民、工人，也有青年学生和著名学者，无产阶级导师马克思的夫人燕妮都听过他的演讲。每次演讲场场爆满，赫胥黎针对社会上的流言蜚语加以驳斥：“我听过自称权威人士的人跟我说，人猿同祖的信念中包含着人类的兽化和堕落。但是，果真是这样吗？我以为，人类高贵的身份并不会由此而降低。因为，只有人才具有创造语言的天才，就凭这种语言，在他生存的时期逐步积累经验和组织经验，这些经验对其他动物来说，当个体生命结束的时候就完全丧失了。因此，人类现在好像站在高山顶峰一样，远远高出其他动物的水平，改变了粗野的本性，放射出真理和智慧的光芒！”

公开的辩论没有把进化论打败，反对派们一计不成再生一计，达尔文的朋友们不是都帮助他吗？有一位德高望重的人士还没帮他说话呢！《每季评论》上发表了一篇文章，上面说：“达尔文先生离开了一个博物学家进行工作的宽广大道而赶往了虚假的丛林，这是一大罪恶。达尔文先生认为赖尔是他的信徒之一，我们相信他打错了算盘……没有一个人比赖尔更明确、更合理地否认了地质可变的说法（《地质学原理》中赖尔对拉马克的进化论进行了驳斥），他这种否认不是发生在他科学研究的不成熟时期，而是发生在他精力充沛的成熟的研究时期……赖尔会帮助我们彻底消灭这种浅薄而抽象的理论，正如消灭它的孪生兄弟《造物遗迹》一样。”正是这篇公开挑拨赖尔和达尔文关系的文章，让达尔文、胡克等人将计就计地把赖尔拉到进化论的阵营中，他们耐心地回答和解释赖尔对进化论的质疑，赖尔经过自己长期的研究思考终于发现，生物进化同自己倡导的地质进化是完全吻合的，并公开宣称自己是达尔文理论的支持者。赖尔的转变在当时科学界产生了很大的影响，当然他的转变不是偶然，任何追求真理的人都会站在进步的一方。

在德国，把进化论当成痴人说梦的论调在牛津论战之后，慢慢转变了。胚胎学家冯·贝尔(1792—1876)，科学家弗里茨·米勒（1822—1877）都公开表示支持达尔文学说。最积极热忱的拥护者当属动物学家海克尔（1834—1919）了，他在自己的文章、著作和各种会议上旗帜鲜明地宣扬进化学说，尖锐泼辣地驳斥各种反对言论，其追求真理的大无畏精神，简直就是德国版的赫胥黎。德国科学界开始慢慢接受达尔文的理论。法国的情况不像德国这么顺利，这里是居维叶神创论思想的发源地，虽然也是布丰、圣提雷尔、拉马克的故乡，但物种不变的思想根深蒂固，直到1867年才有人发表文章支持进化观点。俄国的情形同法国截然相反，达尔文学说一传到俄国就受到了学界的欢迎，大学教授在课堂上公开讲授《物种起源》，年轻的学生们也善于接受新观点。

进化学说的影响不仅波及欧洲大陆，还跨过

海洋远达北美洲。美国著名的博物学家阿加西斯激烈地批评《物种起源》，竭力否认达尔文书中完善的地质证据。阿加西斯的评论立即得到一些教授的附和。与欧洲大陆上一样，美国学界也开始了一场关于达尔文学说的斗争。在这里，捍卫达尔文学说的阿萨·格雷一一驳斥了阿加西斯的观点，达尔文写信感谢他说："您对我这本书了解得十分清楚，如同我自己对它的认识一样，您在讨论问题时提供了许多新的例证和证据，这让我又惊奇又嫉妒……您所使用的每一个字都经过了慎重的选择，都击中了要害，其效力不亚于一颗 32 磅重的炮弹。"不过格雷与赫胥黎、海克尔不同，他是一位坚定的有神论者，他宣传达尔文的进化学说是因为他认为进化论能够跟神学融合，两者并非水火不容。这点当然是跟达尔文相背离的，达尔文对此也是有点哭笑不得。涉及原则性的问题，达尔文从不含糊，他并没有因为格雷为进化学说辩护，就认同了格雷的观点。在以后的著作中，他坦诚地说过自己不同意格雷的看法。

时间慢慢地流逝，接受进化论的人越来越多了。到了 60 年代中期，达尔文的理论已明显占据了上风。那些反对达尔文学说的人也清楚地看到了《物种起源》一书对自然科学发展积极的促进作用，给予了各学科强大的推动力。1864 年，英国皇家学会理事会经过一番讨论决定，把当年的科普利奖章授予达尔文。科普利奖是 1731 年以皇家学会高级会员戈弗里·科普利爵士的遗赠设立的，每年颁发一次，是当时科学成就的最高荣誉奖，也是世界上历史最悠久的科学奖项，比诺贝尔奖还早 170 年。

1864 年 11 月 30 日的颁奖仪式中，达尔文照旧因病无法出席，赫胥黎等人带为领取。主席萨拜因宣读授予决议："今年我们决定把科普利奖授予尊敬的达尔文先生，由于他撰写了许多优秀的地质学、动物学和植物学的著作，同时还由于他通过大量观察写了《物种起源》一书……按照我们普遍的和共同的意见，我们坚决从授奖的理由中排除了这本著作。"台下的赫胥黎听到主席这么说，当即站起来问道："主席先生，您刚才讲的授奖理由中排除《物种起源》这本书，请问这是您个人的意见，还是理事会的决定？"

萨拜因没想到有人当面问这个问题，他支吾着有点心虚地说，"这是理事会的意见"。回答的声音虽小，但还是被起草决议的福克纳听到了。福克纳可以肯定这最后一句是萨拜因自己加上去的。萨拜因一直是进化学说的反对者，这次眼看没能成功阻挠达尔文获奖，就想在公众场合贬低《物种起源》。福克纳对萨拜因的隐瞒欺骗行为非常不满，他和赫胥黎都要求公布理事会的决议记录，在场的支持达尔文学说的科学家们也支持他俩的提议。学会秘书当众读了真实的决议记录，事实摆在眼前，萨拜因狼狈地承认了自己颇不光彩的行为。

无论如何，达尔文的学说终究被认可了。在真理面前，教会人士的态度发生了奇妙的转变。他们开始说进化论并不抵触宗教观念，先前的种种不快都是些误会。他们还采取了折中的办法，保留上帝的地位，他们宣扬首先是上帝创造了最简单的生物，然后自然界就按照达尔文研究的那些发展了。他们这种权变的说法从侧面反映出了进化论的胜利。正像科学家金斯利所说的那样，“达尔文仅凭真理和事实的力量，到处获得胜利，像洪流那样势不可挡”。而追求真理的达尔文并没有因为胜利和荣誉停止前进的脚步。

第四章
奋斗不止

美丽的兰花

达尔文是幸运的，在科学与宗教的拉锯战中，他没有遭受布鲁诺、伽利略、塞尔维特那样的劫难。虽然恶毒的咒骂和人身攻击始终没有断绝，但他的个人生活没受任何限制，他和朋友们能够自由地宣传和反击，这是整个人类社会的进步。这种进步是以无数先驱流血牺牲换来的，我们每个人都有维护这种开放公平的社会文明的权利和义务。

达尔文在获得了巨大的荣誉后，依然做着乡间隐士，在自己的科学园地中辛勤耕耘。《物种起源》对他来说只是一部巨著的摘要而已，当初只是为了尽快出版多年的研究和思考结果而写作的。正如很多人批评的那样，达尔文没有完全地证明这些结论，他深知这点，所以他并没有给自己放个长假休息一下，而是毫不停歇地研究、写作。他有一个计划，那就是围绕着《物种起源》这个“摘要”写一系列的书，形成一整套扩展版的《物种起源》丛书，他准备把这么多年搜集观察到的材料，分门别类地写出来。达尔文的晚年生活很简单，除了因病治疗休息和探亲访友，其余时间他一直在达温庄园奋力著述。正如他在《回忆录》里所说的，“我一生中的主要享受和唯一职业就是科学工作。这种工作所带来的兴奋使我暂时忘记了，或者完全赶走了日常的不适”，“我用了我所有的力量去工作”。就这样，达尔文以病弱之躯奉献给我们十几部巨著。

有一些批评自然选择理论的文章中提到，他们认为自然选择无法说明那些他们认为毫无用处的、生物构造上的很多细小的器官为何“被选择”。因此，达尔文想用一些例子表明生物构造上那些细小的器官的用处。达尔文想到了兰科植物，他一生都很喜欢这类植物，他早就开始研究兰科植物凭借昆虫授粉的器官，想当初还是因为一株兰花向亨斯洛教授提问而认识了亨斯洛呢！

18 世纪植物学家们有一场关于植物是否有性别的争论，一直到 19 世纪初才有定论，那就是植物有雄性和雌性之分。不过还是有人认为雌雄同体的花是自花授粉的，也有人认为许多花只能凭借昆虫授粉，而且只有分泌花蜜的花才能吸引昆虫。一位中学教师在 1793 年出版了一部名为《在花的构造和授粉中揭示出来的一个自然秘密》的书，研究了花粉和昆虫之间的关系，并对传粉的各种器官进行了详细描述。达尔文的一个研究植物学的朋友推荐给他这本书。从 1838 开始，达尔文就开始观察花凭借昆虫进行异花传粉的现象，他当时的结论是杂交在保持物种类型的稳定性上有着非常重要的作用。1841 年他读了那位中学教师写的书，这种专业类书籍很少有人注意，但达尔文读得津津有味，虽然书中有些部分想象成分居多，但对昆虫传粉的问题还是很有研究的。1857～1858 年，达尔文在《园艺录记者报》上发表过植物凭借昆虫传粉的文章，他的观点是“有一些非常巧妙的器官来阻止柱头得到它自己的花粉，而且看来只有根据杂交比自花授粉更有利的原理，才能解释这种情况”。1860～1861 年，他对兰花的传粉器官进行了专门的观察研究。

达尔文研究这些的指导思想一直就是物种根据自然选择会发生后天的变异。他在观察中得出了一个客观事实，那就是雌雄同体的植物永远都是异体受粉，那些自花授粉的后代要比异花授粉的后代瘦弱得多。他在实验地里仔细观察昆虫是怎么爬进不同种类、不同结构的花朵里帮助传粉的，他发现了一个普遍现象，即植物的一些器官起到阻止自花授粉、帮助异体传粉的作用。植物器官的构造显然与自然选择有关，一切不利于昆虫传粉的植株就不能得到保存，从而被淘汰掉。能够繁衍下来的都是那些最有利于阻止自花授粉和帮助昆虫传粉的植物。

1860 年 6 月，他写信给胡克说：“植物的这种器官是很少能看见的。不久前，我首次研究了一种普通的欧洲红门兰属植物，我觉得花的每一部分的器官都是十分精致而且作用明显的，甚至比啄木鸟的一些器官还精致。”红门兰属的花，在构造方面最引人注目的就是花冠上的唇瓣，昆虫如果要采蜜就必须落在这上面。只要昆虫试图钻入，花蕊边缘的薄膜一触即裂，薄膜下面的东西会立刻卷起来，粘盘就能牢牢地粘住昆虫了。昆虫再次钻出来时，身上就沾满了花粉。

1862年，达尔文出版了《论兰科植物凭借昆虫所赖以受精的各种器官》（简称《兰花的传粉》）一书，他详细描写了各种兰科植物的传粉器官，专门研究了两种具有不同器官的兰花，一种是其器官使昆虫能把花粉从一朵花传到另一朵花上，另一种是其器官使这些花粉在传播过程中不会落在同一株花的柱头上。在兰科中，花朵大且呈下垂状的盔兰属兰花是属于第一个种类，它们的唇瓣末梢部分是一个大杓，杓上方的两个附属物从唇瓣基部伸出来并分泌出很多液体。这种液体并不甜，不能吸引昆虫，它们会落在大杓当中，当杓中的液体满溢出来时，唇瓣中就会伸出一个带有花粉的空心柱状物。蜜蜂等昆虫会被这部分吸引过来，把这伸出来的部分啃光后掉入杓的液体中，昆虫在爬出的过程中浑身就沾满了花粉。然后当它们被第二朵花吸引时，就会把花粉带到另一朵花的柱头上了。达尔文对兰花的构造及其传粉器官的研究，有力地证明了自然选择理论，回应了那些说自然界细小的变化没有用的人。

达尔文在去世的前几天还在读有关兰花的著作，他还写信请作者寄给他一些书中描写的那种兰花的种子。他给友人的信中说，他对兰花的热爱，当然不是由于兰花本身的美丽奇异，他更想把兰花作为自然选择对器官的细小作用的证据，来驳斥那些论敌们。《兰花的传粉》出版时，达尔文有些犹豫不决。他本来想在《林奈学会会报》上当作论文发表，后来又想给出版商默瑞。默瑞从《物种起源》的出版中赚得盆满钵溢，他向达尔文表示愿意承担这次的全部亏损风险。达尔文最后决定给默瑞出版，他原本以为这种专业类书籍肯定不会像《物种起源》那么火了，谁知还是比他预想中的受欢迎，很多植物学家们认为达尔文这方面的研究很成功，观察细致，论据充足，论证合理，把他当成专业的植物学家。达尔文向来谦逊，他从没认为写一部植物学著作就成为植物学家了。当然，反对进化学说的人在他们自己的阵地《雅典神殿》上照样攻击达尔文。达尔文对他们在文章中假惺惺的劝说和怜悯早已习以为常、见怪不怪了。

神奇的攀缘植物

除了兰花的研究，达尔文还对某些花的二形性和攀缘植物进行了观察研究。60年代初，他发表了几篇论文，后集合成书出版，名字为《同种植物上的花的不同形态》。主要内容有报春花的二形性，他的想法是报春花的不同形状可能是从两性花到单性花的过渡，但这个设想是没经过试验证实的。还有关于樱草二形性的论文，体弱多病、深入简出的达尔文为了这篇论文亲自赶到了伦敦林奈学会上，自己宣读。千屈菜这种植物，在达尔文看来更有趣，因为它具有三种形态，比报春花和樱草还多一种，千屈菜有三种不同的雄花和三种不同的雌花。他把不同的花之间做杂交试验，他激动地观察到同一品种的花没有长出杓管来。不同品种的花的雄性器官和雌性器官是在不同时期生长成熟的，这些事实可以使任何坚持物种不变的人发生动摇。

达尔文与那些植物学界的朋友通信频繁，从朋友那里得到了很多建议，这种学术交流也极大地促进了朋友们在植物学上的研究。胡克当时已经代替了他父亲的职位，在皇家植物园担任园长，他给达尔文提供了很多植物学方面的资料，达尔文不仅把胡克当作至交，还把他当成自己最亲切的读者，对他的意见比对其他任何人的意见都更重视。阿萨·格雷还是很佩服达尔文的研

究，写了很多宣传评论文章，高度赞扬达尔文的研究成果。达尔文写信对他说："您以最高的恭维言辞结束了您对我的评论。如果您尚未冲昏我的头脑，把我弄成一个虚荣自大、目空一切的人的话，您和胡克看来下定决心要这么做。"面对好友们的赞誉，达尔文在高兴之余始终保持着一颗谦虚谨慎、懂得感恩的心和清醒理智的头脑。

阿萨·格雷曾发表过一篇论文论述葫芦藤的卷须的盘绕问题，达尔文在1862年读到这篇文章后对此很感兴趣，他想研究为什么缠绕植物会发生合理的缠绕运动。格雷给他寄来了一些种子，达尔文亲自把这些攀缘类植物种上，放在自己的书房里以便随时观察。让他感到惊奇的是，他发现这种植物最上面的两个叶子中间的茎在不断地旋绕，以前都认为这种盘绕跟光线有关系，但书房里并没有阳光照射。经观察，达尔文发现卷须对所有接触到的东西都很敏感，一经接触就会很快在接触物上缠绕起来，然后慢慢地生长、变得更加粗壮，最后固定在接触物上。达尔文认为，这种缠绕运动和昆虫传粉一样，都是自然选择作用的例证。漫长的时间，让大自然保留下了那些适宜生长的器官和生长运动，并遗传给后代，使得有利因素不断地加强巩固，最后发展成现在的物种。这种观察虽然费时费力，但达尔文乐在其中，他写信给胡克说："对我来说，这是一种新的工作，使我高兴的是，我得出了这样的结论：在进行观察时，充分相信物种是可以改变的，这一原则真是一种极好的指导原则。"

长时间的观察工作还是损害了达尔文的健康，1863 年秋天，达尔文又旧疾复发了。但他没有停止对攀缘植物的研究。在病床上看到这些植物日复一日地生长、盘旋，使他感到生命的奇妙，从中得到了精神上的抚慰和情绪上的安宁。病症稍有缓解，他就开始从各地订购种子，胡克从植物园里也给他送来了很多种子。他在确定了卷须的敏感性后，还要测试光线对它们的影响。有些攀缘植物是能够向着有光线的地方生长的，而且比起其他植物，它们以很低的消耗就能做到这一点。

达尔文把他研究的攀缘植物分为四类：一类是借助茎部旋绕运动向上攀爬的，这种旋绕可由顺时针方向变为逆时针方向。刚长出的嫩枝在遇到支柱后便停止运动，新长出的部分就在围绕着支柱继续旋绕，啤酒花就是这样的。达尔文详细记录了啤酒花的嫩枝生长时间，第一圈盘绕用了 24 小时，第二圈缩短为 9 个小时，第三圈只用了 3 个小时，攀缘的速度越来越快。第二类中，先起作用的是接触支柱的地方，植物在接触的地方开始弯曲，围绕着支柱生长。这种刺激作用有的发生在叶柄处，有的发生在叶子中间的叶脉中。有感觉的地方在支柱刺激后，开始长粗变硬，牢牢地附着支柱上。第三类是用钩须攀绕的，第四类是用根部攀绕的。最后两类的攀绕能力明显比前两种要弱。达尔文还用许多例子表明，叶子类攀缘植物是起源于缠绕植物的，因为它们之间存在着很多种类的过渡形态。叶子类攀缘植物多数仍能保持着缠绕植物特有的旋绕运动，以便于发现支柱等攀缘物。从叶子攀缘植物很容易变化成带卷须的植物，像葡萄那样，卷须就是它们的叶子或花柄。不同的攀缘植物有不同的器官，能让它们发现自己更为喜爱的支柱。比如紫薇卷须，它们就不喜欢树干或者树皮，它们喜欢与苔藓、亚麻纠缠在一起。野生葡萄凭借自己的特殊器官，卷须顶端的突起物去寻找墙壁，喜欢沿着墙壁生长。

1864 年秋，达尔文用了 4 个月的时间整理他观察到的材料，完成了关于攀缘植物的长篇论文，他把论文《攀缘植物的运动和习性》提交给了《林奈学会会报》，并于 1865 年发表。对植物的研究不仅需要长时间的观察，还要付出很大的精力，这两个条件达尔文都担负不起了，反复无常的病痛常常打乱达尔文的工作，让他不得不停下来休息。但达尔文没有因此而中断他的研究，植物研究不行，还有动物研究呢！观察那些动物对他来说既是休息也是工作。

家养的作用

达尔文的自然选择理论来源于人工选择的启示，为了更好地说明理论来源，他在 1860 年就开始撰写两卷本巨著《动物和植物在家养下的变异》，因为这期间他研究过植物类课题，再加上断断续续地生病，这部书前后经历了 8 年时间才出版。据达尔文自己说，这部书是他所有著作中花时间最多的。书中叙述了他对英国家养动植物所做的多年观察，还有从世界各地搜集来的各种资料，详细地讨论了动植物的遗传和变异问题。达尔文在这部书中充分地表现了他学识的渊博，书中不仅有大量的纯文献资料，还有很多他从实践家和专家那里得到的资料。以现在的学术规范看，这些达尔文通过书信往来得到的信息是不能作为证据写到文章中去的，但在当时这是学术界通用的惯例。

这部书的前10章，达尔文详细地描述了家养动物和栽培植物的品种和类别，并试图回答这样一个问题：某些类型的生物究竟来自或者可能来自哪种野生祖先，以及它们在家养状况下会得到什么样的变异。所以，他在第1章里详细分析了家狗和家猪，第2章是马和驴，第3章是猪、牛、绵羊和山羊，第4章是家兔，第5章和第6章是家鸽，第7章是家鸡，第8章是鸭、鹅、孔雀、吐绶鸡、珠鸡、金丝雀，以及金鱼、蜜蜂和蚕。第9章和第10章研究的是家栽植物谷物、蔬菜、果树、观赏树和花卉。达尔文阐述了当时关于果实、花、叶、根条等芽变知识的情况，还有达尔文仔细搜集的，由于嫁接而产生的有关无性杂种的事实。他认为，嫁接杂种在各方面都与种子杂种相似，被观察到的事实“使人们弄明白了一个极为重要的生理学上的事实，即产生一种新生物的要素并不完全是由雄性和雌性器官形成。这些要素本来就存在于现有的细胞组织中，它们在没有性器官的作用下也可以结合在一起，并因此产生兼有两亲体生物性状的新芽”。

其余各章（11 章至 28 章）具有较多的理论性质。12 章至 14 章，达尔文着重强调重新出现的性状通常都要遗传。他说：“当一种新的性状产生出来的时候，不管它的天性怎样，一般都具有遗传性，尽管这种遗传性是暂时的，然而有时却表现得极为顽强。还有比以下的情形更加不可思议的吗？原来不是某一物种所具有的某种微小特点，先通过连肉眼都不能看到的微小的雄性细胞或雌性细胞传递下去，然后经过在子宫或卵巢中所进行的长久发育过程的不断变化，终于使这一特点在后代成熟时出现，或者甚至像在患某些疾病时所常有的情形一样而在后代的老年期出现。再者，由一头产乳量高的母牛的微小的卵生出一头公牛，这头公牛的一个细胞与另一头母牛的一个卵结合之后，又产生出一头母牛，当这头母牛长大时，就会有很发达的乳腺，产生大量的、甚至具有特殊品质的牛乳，那么还有比这一十分确实的事实更加不可思议的吗？但是，正如赫兰得爵士所指出的那样，真正值得惊奇的问题，并不在于一种性状会遗传下来，而在于某些

性状有时并不遗传下来。”

第 13 章达尔文分析了外部条件对生物变异的影响，他证明这种影响同选择比较起来是次要的和无足轻重的，但同时他也没有否认这种影响对生物所起的一定作用。达尔文在努力完成最初的那个计划，即尽可能全面地分析与他的自然选择理论有关的这一领域中的各种事实。《物种起源》中举出个别例子来说明的东西，在这里是研究和分析了全部事实后的结果。

第 15 章至 18 章，达尔文研究了杂交的过程，虽然植物通常不能自花授粉，实质上这里也没有一定的法则，因为植物界有各种各样的过渡形式：“有些植物进行自花授粉时，产生充分数量的种子，但其实生苗比较矮小一些；有些植物进行自花授粉时，产生很少的种子；有些植物不产生种子，不过其子房多少还是有所发育的。有些植物自己的花粉和柱头彼此就像毒药般地相互发生作用。”达尔文通过研究各种大量事实得出结论，亲缘关系远的生物杂交一般是有益处的，而亲缘关系近的生物交配一般是有害的。

达尔文对所谓的返祖现象或返祖性给予了很大的注意。所谓返祖现象，就是祖先所具有的性状在许多后代的身上都不表现出来，却在相隔很远的某一后代的身上重新出现，因此，这种性状是以隐蔽形式而遗传下来的。达尔文认为，决定遗传的力量和促使发育的力量是两种不同的力量。当遗传的性状只遗传给最先表现出这种性状的那个性时（尽管这一性状是通过另一性遗传的），达尔文也注意到了只限于一性遗传这一现象的存在。例如，某些品种的牲畜所具的只有公牛才有的无角性状通过有角的母牛遗传下去。他还强调指出说，在一定的年龄中所呈现出的性状在下一代也像亲体那样在一定的年龄上（有时稍晚些）又有表现出来的倾向。返祖现象是《物种起源》中所没有的内容，对此当时达尔文特别重视。他在试图使动植物之间的遗传机制变得更加明晰，他想找到一种能把许多他已查明的遗传事实综合起来的解释。这些遗传事实包括以下几种现象：把由于长期使用而获得的性状遗传给后代；通过嫁接而得出植物的杂种；在种子繁殖与芽繁殖时所得到的完全同样的有机体的现象。

达尔文在他的著作倒数第 2 章中所发表的《关于泛生论的暂定假说》中寻求这种解释。泛生论认为物体的任何一部分都能分离出特别的、能独立进行生殖的遗传粒子，也能独立得到营养的遗传粒子——芽球，这些芽球聚集在性的产物中，却能分散在生物的全身，每一芽球都能在下一代身上把已成为芽球起源的那一部分恢复起来。这种假说阐明了达尔文深信不疑的性状的遗传性。他在书中写道："如果我们假定一种同质的胶状原生动物发生了变异并且呈现淡红色的话，那么，由这种原生动物分离出的微粒，当它长大时自然会保持同样的颜色。于是这就使我们联想到遗传的最简单形式。同一观点完全可以引申到构成一种高等动物的整个身体的各式各样的许多个体，分离的微粒就是我们的芽球。"

达尔文曾用了一个形象的比喻，向大家梳理了他全部理论中的几个重要概念的关系，他说，"选择就像一个建筑师，它把自然界中的各种碎石筛选出来，累加起来，就构成了一座建筑物；而这些碎石就是每个生物的各种各样的变异。正像从山崖落下的碎石其形状要受重力、岩石性质及山崖斜度等影响一样，每一种生物的偶然变异，也是由环境条件等固定不变的自然法则而决定。建筑师通过对各种碎石的筛选组合，造就了一座座建筑物，选择则在每个生物提供的变异的基础上培育出了一个个新的物种。”

《动物和植物在家养下的变异》一书 1868 年分上下两卷出版，达尔文在此书中搜集的资料比《物种起源》丰富得多，对人工选择的方法和原理论述上也详细得多。他记载了对家养动物和栽培植物的全部观察和研究心得，引用了中国和其他一些国家的资料，单单引用中国古籍的资料就有几十处之多。这些不但丰富了他的进化思想，为其提供了历史依据，也帮助各国学者了解中国古代人民在农业和生物学方面的杰出成就。但由于科技水平的限制，达尔文也无法超越时代的局限，他在书里写道：“到目前为止，我们能够解释的变异原因还不到百分之一。”这种实事求是的作风，不但反映了他严谨的治学精神，更重要的是他想用这句话来推动后人进一步研究产生变异的原因。

此书的出版全面推进了进化学说的胜利，使那些反对者们无法再从论据、细节、理论上驳斥进化论了。这部书受到了广泛的好评，但有一点达尔文觉得他应该做不到了，那就是原本的那个庞大的写作计划。按照他的写作速度是不可能完成把《物种起源》每个章节都扩展成一本书的任务的。达尔文只能改变自己的写作计划，集中精力写单独的题目了。达尔文不断地著述使进化学说得到了越来越多的认可，1861 年达尔文给友人的信中就提到接受他的理论最多的是年轻的地质学家，其次是植物学家，再次是动物学家。德国的海克尔曾对他说德国有很多科学家慢慢地都站在他这一边，只是为了声誉一时不敢贸然地公开发表意见而已。1865 年有人作为进化论者反对达尔文的自然选择理论，并提出了自己认为的进化原因，这从侧面反映出已经有科学家深入研究进化问题了，物种不变的观念不再独霸天下了。面对种种转机，达尔文认为是时候探讨人类起源的问题了。

人类的秘密

人类的起源是当时最敏感、最尖锐的问题，写《物种起源》时达尔文虽然故意避开了这个问题，但当时就有人一针见血地抨击达尔文的进化学说违背了《圣经》中有关人类来源的亚当和夏娃的故事。达尔文在确立了自然选择学说之后，就相信人类也是在这个规律的支配下诞生的。当初不直接提人类起源问题，一方面是为了避开基督教的攻击，另一方面也是为了人们的心理感受考虑。如果人们普遍接受了自然选择理论，那么就没有理由不相信生活在大自然中的人类不适于这个理论。

离《物种起源》的出版，已经过去了十几年，达尔文通过一系列著述全面阐述了生物进化的学说，科学家们已经开始把进化论运用于各个学科当中，普通大众也都对进化论很熟悉了，现在讨论人类起源的问题，就不会显得那么突兀了。1867 年 2 月在完成《动物和植物在家养下的变异》之后，达尔文立即开始整理这么多年来关于人类起源的材料，1871 年，《人类的由来及性选择》这部揭秘人类起源的经典著作面世。

在这部书中，达尔文对人工选择做了系统的论述，并提出性选择及人类起源的理论，进一步充实了进化学说的内容。达尔文向大家呈现了人类自较低的生命形式进化而来的证据，动物和人类心理过程相似性的证据和进化过程中自然选择的证据。达尔文提出“人猿同祖”，并认为人与动物具有心理上的连续性。他把进化论应用到人类身上，人类在身体结构上仍然有其低等祖先不可磨灭的印记。人类只是动物的一种，而不是当时大多数人所认为的按上帝的样子创造的高级生物。

这部书分为三个部分。第一部分主要介绍人类在生理构造上与其他哺乳动物的相同或相近。达尔文详细地研究了人体的生理结构，表明人属于哺乳动物，具有哺乳动物的一般特征。又将人类的骨骼系统、肌肉、神经、血管、心理和动物进行比较，说明人和其他动物来自一个共同的祖先。比如器官位置、卵细胞的大小、胚胎发育过程等都与其他哺乳动物类似，特别是人体中存在的痕迹器官，即那些未完全发育的器官，抖动耳朵、眉毛、第三眼睑、智齿、阑尾、毛发浓密等都具有特别的变异性或者是返祖现象。

第二部分主要阐述性选择的若干原理，所有分为雌雄两性的动物除生殖行为外，还有第二性征的差别。他主要研究了昆虫类、鸟类、鱼类、两栖类、哺乳类动物的第二性征。达尔文以极大的耐心和严谨的态度，列举和分析了以上动物的第二性征和性选择，并表明动物界第二性征的产生几乎全是因为性选择。比如雄性动物一般都有强壮的身体、鲜艳的羽毛、动听的鸣叫等第二性征，这是用来打败同性竞争者或是吸引雌性。

第三部分由动物回到人类，说明性选择和人类的关系，探讨人类第二性征对于人类进化的作用。达尔文证实男子身材魁梧、精力充沛等特征，是在原始时代获得的，后来又不断地增强，主要是为了生存和繁殖的需要。他列举了许多在环球航行时期所见到的那些土著人，他们非常在意自己的外表，喜爱装扮，脸部、指甲、头发经常涂抹成各种颜色，爱佩戴鼻环、耳环、项链等装饰品，这些都表明土著人希望借此来吸引别人的注意。性选择的作用在人类社会历史进程中越古老表现得就越强烈。

达尔文最后的结论是人类是由某种低级动物发展而来的，人类和其他哺乳动物拥有共同的祖先，人类各种族之间也有共同的起源。对于达尔文来说，道德是一个棘手的问题，进化论意味着上帝没有机会赋予人类道德，不过这个问题已经由进化心理学和博弈论加以解决，道德本身也是自然选择的产物。这部著作的价值不仅在于探讨了人类来源这个巨大的难题，也向我们展示了人类自己的智慧。书中一方面有无可辩驳的大量的事实材料，一方面又有达尔文大胆合理的推测和创造性的理论。当然，书中也有值得商榷甚至是错误的地方，但瑕不掩瑜。

达尔文是历史上第一个对性别差异的起源问题进行思考的人，在达尔文的时代和之后很长一段时间里，几乎没有人认识到性别差异的问题是多么重要。达尔文的思想无疑具有前瞻性，以至于他的性选择理论遭到了好朋友们的反对，比如一直支持他的华莱士。关于性选择理论的讨论长期占据着他们通信的主要内容。华莱士认为不论是用作争夺配偶的“武器”，如雄性动物身上的角、犬齿或后爪等，还是为博得雌性注意力的雄性身上艳丽的羽毛、动听的叫声，这些都是自然选择的结果，并非是由于性选择。雌性动物看起来朴素低调，是因为这对其个体生存和繁衍后代有利，也是自然选择的结果。不管怎么说，都没有必要提出性选择这个概念，还把这个理论放到与自然选择同样重要的位置。达尔文之所以提出性选择理论，是因为他认为人与动物之间在心理认知能力上有连续性和相同性，这种共同的心理认知能力，在漫长的时间里持续发生作用，使雄性动物发展出了竞争意识与占有雌性的欲望，也使雌性动物发展出了甄别优劣的能力和审美的眼光。这些对种族的繁殖是有利的，因而又被自然选择所固化。

在许多年后，赫胥黎的孙子朱利安·索雷尔·赫胥黎同他的爷爷一样，依旧反对性选择理论。赫胥黎在 20 世纪 30 年代就著文否认有第一性征和第二性征的区别，他说“起着展示和斗争作用的雄性个体的第二特征，就像雄性交尾器官的附属器官，和精子那样的第一性征是相同的，属于一般功能的范畴。”他把自然选择解释为种群的选择，达尔文则从没有过种群选择的设想，赫胥黎的观点早已被证实为是错误的了。但在很长时间内，达尔文的性选择理论被人们忽视了，在近半个世纪以后，性选择理论才成为现代行为学、行为遗传学的一个热门课题。近 20 年来，有关各种动物的性选择研究工作蓬勃发展，相关论文逐年增加，这些都证明了达尔文的性选择理论的前瞻性和经典性。

达尔文原本打算在《人类的由来及性选择》中加入谈人的面部表情的一章，但这部书已经很庞大了，达尔文只能割舍掉这一章，在 1871 年出版过《人类的由来及性选择》一书后，他立即开始写《人类和动物的感情表达》。达尔文很早就对这个问题感兴趣，在 1839 年大儿子威廉出生时他就观察过婴儿的表情，还专门做了笔记。他在《回忆录》中写道：“我立即开始记录他呱呱落地时的各种表情，因为我想，即使在这样早期，最复杂、最细微的表情一定都会有逐渐的和自然的起源。”1867 年他在给华莱士的信中写道，“这简直是我近 27 年来‘最爱的题目’之一，在我打算写一篇关于人类的文章后，我就突然产生了这样一个念头，我最好能够仔细研究出一些有关感觉表达的补充意见。”在写作这本书的过程中，达尔文和往常一样同各界人士进行了大量的通信，他还亲自制作了调查表给不同民族的朋友们寄去，还与医生、心理学家等专业人士保持密切联系，这些都大大地充实了这本书。

1872 年《人和动物的感情表达》一书问世，首印 7000 册。通过人和高等动物及少数低等脊椎动物的声音、面容、手势及身体各部分姿势的类比来阐明其间的共性，进而证明动物也是有感情的。同时也证明了由于动物没有语言，所以形体表情极为重要。在书中他通过类人猿的表情与人类的相似性而再次论证了人类由类人猿进化而来的理论。

达尔文在该书的绪论中指出，在研究情感表

达时，他总结出了六种不同的方法。第一个是研究婴儿；第二是研究精神病患者，因为他们受精神疾病的折磨，感情的表达不受理性的压制；第三是研究照片；第四是研究绘画和雕塑中的人类表情，但在实践中，达尔文从这个方法中得之甚少；第五是他对不同人种、种族的感情表达的调查，他急于弄清楚“所有人种，特别是那些很少与欧洲人接触的人种，是否具有相同的表情和姿态”；第六是对常见的家养动物的观察。绪论最后以一个问题结束，即人类和动物的感情表达能否用同一种规则或规律来解释。

这部书共 14 章，达尔文高度概括了人类和动物的八种感情类别，分别是：痛苦与哭泣；情绪低落、焦虑、悲伤、沮丧、失望；快乐、情绪高涨、爱情、温情、挚爱；回想、沉思、坏脾气、郁闷、果断；憎恨、愤怒；鄙视、轻蔑、厌恶、负疚、骄傲、无助、忍耐、肯定和否定；惊讶、吃惊、害怕、恐怖；内向、惭愧、害羞、谦卑、脸红。

该书的前 3 章，达尔文提出了三个一般原则，分别是有效联想习惯的原则、对立原则和神经系统直接运作的原则。第一个原则中达尔文认为反射动作如果不是被遗传下来的习惯，就是被自然选择改变了的本能动作。他举例说，狗睡觉前会做转圈和刨地的动作，刚出生的动物会有吸吮动作，人类的某些动作即使受到了后天的克制，仍会表现出类似的感情。第二个对立的原则，即反映相反感情的动作也呈相反性。例如，人类表示同意，会用上下点头示意；表示否定，则用左右摇头示意。狗怀有敌意时，会竖起尾巴、耳朵，龇牙咧嘴；见到主人时会耷拉着耳朵，摇头摆尾。第三个属于无意识的、习惯性的、受神经系统直接支配的原则，比如因寒冷、紧张而颤抖，因恐惧而瞳孔放大、面色发白，各种疼痛的反射作用等都适用于第三个原则。

第 4 章，达尔文详细研究了某些动物为使自己显得更高大威猛，而会有竖起皮毛、尾巴，展开翅膀等动作，伴随着喉咙里可怕的声音以威吓对方。当动物的耳朵出现向后直立和紧贴头部的动作时，那就表明它们即将发起攻击。

第 5 章达尔文仔细研究了狗、猫和猴子的感情表达，特别是猴子。它们的表情行为和人类的极为相似，这更有力地证明了人类与猿类的亲缘关系。

第 6～13 章，达尔文全面分析了人类的每一种感情及其对应的特殊表达方式。这几章至今还非常适合演艺人员阅读。达尔文研究了人类的一种特殊的表情——脸红。在分析了世界各地的不同人种以后，他认为不论有无真正的脸部颜色变化，这种表情是大多数人种或所有人种共有的。人们会因害羞、内疚、失礼、谦卑等原因而脸红，达尔文并没有停留在表面原因，他认为："当你密切注意自己的身体的某一部分时，就会使这部分的小动脉正常的收缩动作受到干扰。这些血管由于松弛会立即充血。这样一代又一代地经常的注意会加强上述倾向，这是因为神经系统易走熟路，还有遗传的力量。每当我们相信别人在轻视或议论我们的仪表，我们的注意力就会活跃地引向我们身体的暴露部分，而且我们最关心的莫过于脸，今天如此，古代亦如此。因此，假定此时毛细血管因受密切注意而引起变化，面部的毛细血管应该是最敏感的：通过联想，每当我们想到别人在议论我们的言行或性格时，也会出现相同的效果。"

在分析普通成年人的各种感情表达时，达尔文通常会把儿童、精神病患者、猴子以及其他动物的同样的感情表达相比较。他常引用医生的医疗诊断和文学作品中的描写来加强读者的印象，比如谈到西方人常见的一种动作，以耸肩表示无能为力，他引用了下面一段话，“他把双手深深地插进口袋里，两肩耸到耳朵边，这表示他已无可奈何了，与其让杰克去干，还不如去搬动一座大山。这表示此事再谈下去也毫无益处。”这本书比起达尔文的其他著作，还有个显著的特点，就是书中精美的插图。这些描绘了动物和人类各种动作表情的插图，是专门约请当时的画家福特所画，这为此书增色不少。

书的最后一章，达尔文又重复说明了前三章的一般原则。“一些轻微动作是强烈表达出的和合理动作的最后痕迹，即残余。我们的表情方面具有充分的意义，就像退化器官对于一个分类学和有机体谱系学自然科学家所具有的意义一样。”感情表达的主要形式，所有人种都是一样的，这说明它们有一个共同的起源。可以确定的是，人类的一些表情，如笑，某些猿类也有；恐惧时毛发会竖起、颤抖，这也与动物类似，都是属于非常古老的情感表达。这再次证明了《人类的由来及性选择》中的观点，人类是由低级物种演变进化而来，所有人种应该都有共同的祖先。

达尔文说："我已经尽最大努力详尽地显示所有人类的重要表情在全世界是一致的。这一事实的有趣性在于：它提供了一个支持许多种族起源于同一个祖先的新论据。这个祖先必是在各种族分化出去之前就在身心两方面都接近完全人的特征。通过变异和自然选择的理论，不同的物种为了适应同一环境，自然也可以独立地获得同样的体征，但这无法解释不同的物种大量的、次要的相近性……我们可以确信，作为快乐和惬意表征的笑在我们的祖先被称作人之前就已经有了。因为许多种猿猴在高兴时，都会发出一种类似我们笑的声音，同时的动作有牙床和嘴唇的颤动，嘴角向上后方牵引，面颊上出现皱纹，甚至还伴有眼睛发亮。我们还可以推断在极为遥远的年代，人的远祖就会表示害怕，方式和现代人差不多，即哆嗦、毛发竖立、出冷汗、面色发白、睁大眼睛、蹲下身子或呆立不动。"

达尔文是第一位试图从纯自然的和进化的角度来讨论人类和动物的感情表达形式的，他向大家展示了关于感情表达的一些问题，也提出了自己的创造性观点，同时他也成功地激发了生物学家和心理学家对这一问题的兴趣。许多年后，它还催生一门新的现代学科——性格学，也对精神分析学、行为学、临床精神病学等学科都产生了深远的影响。

著作等身

达尔文在很多研究领域都极具前瞻性，达尔文是最早对捕蝇草和其他食虫植物进行深入研究的科学家之一，捕蝇草令人惊异的特性让他把这种植物视为“世界上最神奇的植物之一”。70 年代上半期，他搜集到了尽可能多的食虫植物，观察比较它们各种捕捉昆虫的方法以及怎样消化昆虫。达尔文尝试了多种方法去激活其捕虫器的补偿机制，包括投喂肉屑、玻璃碴，向其吹气或用毛拨动等等。他在《回忆录》中写道：“1860 年夏季，我在哈特菲尔德附近休养，那里生长着毛毡苔属的两个物种。我注意到无数的昆虫被网罗进它们的叶子里去，我带回一些植株，把昆虫放在它们的叶子上面，观察它们的触须活动，这使我觉得它们捉取昆虫大概是为了某种特殊目的。我幸运地完成了一次决定性的实验，我把大量的叶子放入各种含氮的和不含氮的浓度相等的溶液里，我发现只有含氮的溶液才会激起叶子的剧烈活动，显然这是一块优美的新研究园地。”达尔文是经验丰富的生物观察家，也是伟大的实验生物学的创始人，他还把实验工作室和野外观察工作结合了起来，为现代生物学的研究增添了一种非常实用的方法。

1875 年 7 月年达尔文出版了《食虫植物》。前 11 章是写毛毡苔，详细叙述其构造、习性及捕捉昆虫的方法，观察实验了它对气温、不含氮及含氮有机液体的反应，分泌液的消化能力，各种盐和酸对叶子的效应，某些含毒生物碱、其他物质及蒸气对叶子的作用，叶子的敏感性和运动冲动的传导途径。第 11 章重述了关于圆叶毛毡苔的观察情况及由此得出的主要结论。剩下的六章，达尔文主要研究了茅膏菜属的其他种，包括捕蝇草、貉藻、黏虫荆、珍珠柴、紫珠柴，以及其他属的食虫植物，包括捕虫堇属和狸藻属。总之，这是一部阅读价值很高的科学读物。大量的实验和观察，耗费了达尔文很多精力，但对自然科学的热爱支持着他继续向前。

达尔文收到一位德国编辑的来信，请他撰写关于自己的回忆录。达尔文认为，“这种写作尝试，对我是一种消遣，也许还能使自己的后代子孙们感兴趣。我想，要是自己的祖父亲自写过他的思想概要，讲述他想到些什么，做了些什么，以及他的工作是怎样做的，即使写得简短晦涩，我也会津津有味地去阅读的。我尝试用下述方法来写这篇自传，就好像身处另一个世界，却回首把自己当作一个亡故的人来写一生的传记。我觉得，这也不算是一件难事，因为我现在已经风烛残年，大可不必顾虑文体之类的问题了。”

1876 年《我的思想和性格发展回忆录》（简称《回忆录》）出版，1881 年达尔文亲自做了补充。1887 年达尔文逝世后，经他儿子弗朗西斯删改后更名为《自传》发表。埃玛反对把许多有关亲友的姓名、评价、家中情况和宗教信仰问题等公之于世，所以弗朗西斯做了不少的删减。一直到 1957 年这部《回忆录》才出了全本。达尔文在他的著作、书信、日记以及这本回忆录中，时常有过谦之词，对他人的作品和观点不吝赞美，这种谦虚低调的性格值得后人学习。但有时的隐讳之处和过誉之词，也为我们还原当年的真实情况增加了不少困难。

1876 年，达尔文还发表了一部植物学著作

《植物界异花受精与自花受精的效果》，这发展了《兰花的传粉》一书中的思想，更全面而深入地论述异花受精比自花受精更有利于植物的生长繁衍。达尔文说：“本书是关于兰花受精著作的补充，因为这比发表许多零星而不完整的观察更有意义。”这本书积累了达尔文十多年的实验成果，涉及植物极为丰富，共计有 30 个科、52 个属、57 个种，在不同物种中又利用了许多不同的变种和品系。达尔文再次肯定了异花受精的有利性是自然界的普遍规律，他又进一步阐述了性别的发生和杂交的有利性。这些论点在生物科学发展中起了巨大的推动作用。在《物种起源》中达尔文就写道：“动植物之间变种间的杂交，或者同变种而不同品系的个体间的杂交，可以给予后代更强的生命力和繁殖力；与此相反，近亲交配却会降低其生命力和能孕性。仅这些事实就能使我相信，一种生物为了这一族的永存，不进行自体受精，乃是自然界的一般法则；和另一个体杂交却是必不可少的。”由此可知这部书也是达尔文进化学说的重要组成部分，是他关于生物进化规律的深入研讨。

1877 年达尔文出版了《同种植物花的不同形

态》一书，这本书是关于花的二形性的著作，汇总了他早期发表过的报春花、亚麻、千屈菜的研究，又增加了很多新材料。比如他分析了那些不开花的、永远是自花授粉的闭花受精花，他认为最完全的花只能是由昆虫授粉的花，而春天开花的、小型的、不完全的、自花授粉的花，只是为异花授粉的一代提供了足够数量的种子。

1880 年，达尔文已经 71 岁了，因为身体原因很多工作他都有心无力。在儿子法朗士的帮助下，这一年的整个春季达尔文都在修改和誊抄《植物的运动能力》这部书稿。在给友人的信中提到，“我已成功地阐明，植物的几大类运动，都是幼龄时所有各部分共有的一种运动的变化……我一向爱好把植物在生物等级中抬高地位……您将会赞美实生植物在实现正常机能时所具有的奇妙的适应本领。”6 月份达尔文开始校看默瑞送来的书稿，10 月正式出版。这本书是在儿子法朗士的协助下进行实验、观察、研究和著述的，共有 12 章，配图很丰富，多达 196 幅，详细描述各科植物的幼芽在土壤内、地面上的生长，及运动情形，它们对光线、地心引力和潮湿空气等的反应，以及盘旋运动和叶子的睡眠动作。达尔文从植物的角度再次说明了生物为了生存而做出的改变，最后他提到植物相对于动物的差异不在于运动能力的缺乏，而是植物“只有当运动对它们有利的时候才能获得并且表现这种能力”。

1837 年达尔文曾在伦敦地质学会上宣读了一篇论文《论腐殖土的形成》，讨论腐殖土的形成与蚯蚓的运动两者之间的关系问题。他指出草地上的物体从土壤的表面沉到下面，是因为物体下面的土被蚯蚓吃掉，经过蚯蚓消化后作为粪便被排泄到草地表面上来的结果。这么多年过去了，他对蚯蚓的观察研究断断续续地持续了四十多年，终于在 1881 年 4 月份达尔文完成了《腐殖土的产生与蚯蚓的作用》一书，这是达尔文生前的最后一部著作。这本书于同年 10 月份刚一出版就受到了意想不到的欢迎，三年内屡次再版，售卖数超过了《物种起源》。达尔文在给友人的信中说：“我被几乎是接连不断涌来的、谈论这个题目的信件压得喘不过气来。大多数来信是没什么价值的，但都充满着热情。而有些信件中包含着非常有价值的意见，这些意见我在修改再版校样时就用上了。”

儿子弗朗西斯说：“这本书在广大群众中所

获得的成就是不难解释的。这样广泛、新颖、通俗易懂的结论由于是从这种人尽皆知的生物中得出来的，并以毫不懈怠的毅力通过孜孜不倦地加工整理而成的，因此才吸引了这么多的读者。”达尔文为蚯蚓恢复了名誉，因为原本在大家心目中，蚯蚓是一种反应迟钝、黏黏糊糊、形态难看的环节动物，但在达尔文的书中，人们知道了蚯蚓在大自然中的巨大作用。它们可以造成巨大的地质地貌变化，能填平山坳、挖空山坡，能消化垃圾、改良土壤，还能保存人类文明的古建筑，达尔文称蚯蚓是“地球上最有价值的动物”，简直是名副其实。

这部书的前两章里，达尔文为读者呈现了大量新鲜有趣的有关蚯蚓生活方式的观察资料。蚯蚓具有半水性，它们在夏季土壤干燥时和冬季土壤冰冻时钻到很深的泥土当中去。在各种感觉器官中，蚯蚓的嗅觉最为发达。它们是杂食性动物，还会经常把各种各样的物体堵塞住自己的洞口，达尔文做了很多实验观察蚯蚓是如何把树叶拖进洞里去的，他还考察过蚯蚓挖洞的方法，它们拱起身体，利用前进力以身体前端把土推开，并把推不动的那些特别结实的土吞掉。第三章，达尔文写了他怎样测定蚯蚓抛到地面上来的泥土量，他采用了两种方法：一种是测定地面上物体埋下去的速度；一种是测定一定时间内被抛上来的泥土重量。第四章达尔文以刚发掘开采出来的建筑物的土壤剖面为例子，说明旧建筑物的埋没情况。具体的外出考察工作，都由他的儿子威廉、弗朗西斯和贺拉斯去完成。他们的观察结果是蚯蚓不仅能使建筑物室内地面和墙壁下陷，还能穿过地面的混凝土打出通道，这样它们就可以把粪便排泄到建筑物的地表上，从而使这个区域的土壤不断地下沉埋掉建筑物。第五、六章，达尔文认为蚯蚓参与了破坏地壳表层的工作，它们能把土块弄碎，滚成圆形以便它们运走，这种作用就像风吹雨打、江水河流对地表的作用一样。

在本书的最后结束语中，达尔文说："蚯蚓用最好的办法为须根植物的生长和任何一个属的种子植物准备好了土壤。它们循环往复地使腐殖土受到空气影响；使土壤细小到不剩下任何一块大于它们能吞下去的小石子的程度。它们像为自己挑选出来的植物准备碎土的园丁那样，均匀地把所有东西都搅拌在一起。"达尔文最后深情地写道："犁是人类最古老的、具有极大意义的发明，然而早在很久很久之前，土地就被蚯蚓正确地耕耘过了，并将永远地被它们耕耘下去……”现在我们知道，蚯蚓这种生物已经在地球上生存了 2.5 亿年，它们的价值终于被人类，具体地说是被达尔文发现了。达尔文的这本书又创造了一个“第一次”，即第一次对动物在自然界的作用进行了生态学的定量研究。

达尔文的这些著作都有着丰富的资料、独特的见解，特别能表现他深邃的洞察力、非凡的创造力，至今他的各种研究仍给人以莫大的启示和新鲜感。达尔文的成就涉及地质学、植物学、动物学、人类学、土壤学等学科，在每个学术领域中都给我们留下了巨大的财富。特别是进化理论，已成为当代生物学的核心思想之一，以此为基础发展起来的现代综合进化论，又称现代达尔文主义或新达尔文主义，将达尔文的自然选择学说与现代遗传学、古生物学以及其他学科的有关成就综合起来，用以说明生物的进化和发展。

第五章
晚年生活

孜孜不倦

埃玛回忆说，他们住在达温的头 20 年里，达尔文从来没有一夜睡眠超过 5 个小时，病痛从来没有远离达尔文。虽然达尔文年老体衰，但他从没停下研究工作。实际上在《人类的由来及性选择》一书出版后，他就无法再从事需要付出很大精力或是需要亲自收集大量资料的课题了，他力所能及地研究些让他感到轻松愉快、兴致盎然的题目，各种食虫植物、攀缘植物和蚯蚓，这些都能在家里或是温室、工作室里进行。

他在给友人的信中说："您问到我将来的著作，我怀疑我今后是否还能写出什么新东西来……但是，我是不能忍受无所事事之苦的，我的打算是能工作多久就工作多久，以免被人嘲笑。我手头有大量关于自然状态下的变异方面的材料，但自从《物种起源》问世以来，我想要论述的东西如此之多，以致我极为怀疑自己的精力能否把这一堆材料都加工成很有条理的、完整的东西。有时我曾想尽力一试，但实在力有不逮。”1881 年 7 月，达尔文因病休养了几个星期，刚回家就给华莱士写信说，虽然年老力衰，但闲散是最让他感到不适的，他仍想好好利用这晚年的光阴，为自然科学事业多做一些工作。《腐殖土的产生与蚯蚓的作用》出版后 6 个月，达尔文就去世了，而在这 6 个月当中，达尔文还发表了 6 篇涉及许多学科的文章，《牛鸟属的寄生习性》《碳酸铵对叶绿素体的作用》《碳酸铵对几种植物的根的作用》《性选择对叙利亚街狗的影响前言》《论淡水瓣鳃类的分布》。在最后的半年生命当中，达尔文忍着巨大的病痛，做了这么多令人惊讶的工作，达尔文真正做到了为自然科学事业鞠躬尽瘁、死而后已！

达尔文自认为既没有敏锐的观察力，也不是十分聪明，不像自己的好朋友赫胥黎。但达尔文很有自知之明，他说：“我具有比一般水平的人更高明的本领，就是能看出那些容易被人忽略的事物，并对它们做细致的观察。我在观察和收集方面，勤奋努力、无以复加。尤其重要的是，我热爱自然科学，始终坚定不移、旺盛不衰。可是，我也有一种虚荣心，想要博得自然学家同行们的尊敬，这就强烈促进了我对自然科学纯真的挚爱。”达尔文小时候就对很多事物感兴趣，一直都想去了解并解释那些自己观察到的事物，他的研究无不是以小见大、见微知著，推论皆是由浅入深、循序渐进。蚯蚓、捕蝇草、葡萄、葫芦、兰花、家鸽、猫、狗等等，都是些寻常事物，但达尔文秉着寻根究底、追根溯源的精神，不断地想前人之未想，问前人之未问，答前人之未答。

作为一名科学家，达尔文的成功不是由于哪一方面的主要因素，而是取决于种种复杂的性格品质和思想能力。就像达尔文自己所说：“其中最重要的就是热爱科学。其次是在长期的思考中，不论哪一方面的问题，都付与无限的耐心；在观察和收集事实资料方面，勤奋努力；再加上不错的创造发明本领和合理的想法。”在积累材料方面，达尔文颇有心得体会，他的书柜分门别类，保存着三四十个大纸夹，收集平常看到有用的参考资料或者自己的备忘录。所有书籍都有索引目录，还有个综合目录，记载着一本书上的一切事实资料。达尔文不仅有收集资料的能力，还有辨别资料真伪的能力。

一次他在一本权威杂志的一篇文章中看到一则消息，经人实验近亲交配的兔子完全没对后代产生不良影响。但根据达尔文自己的观察实验，他很怀疑这则材料的真实性。为此他专门写信询问该文作者是否诚实可靠，果不其然，这则材料被证明是伪造的。辛勤地搜集材料是一方面，辨别真伪、合理利用是另一方面，二者缺一不可。达尔文一生的研究活动，绝大部分实验、观察、考察都是亲力亲为，因此他的推论、假说才有坚实的论据。引用的他人资料也都经过他自己检验。他这种严谨认真的态度和实事求是的工作方法，不仅是自然科学研究所必需的，也是一切学习工作中所必不可少的精神。

达尔文一生的著作就是他生命的里程碑，他一共写了 80 多篇论文，出版了 22 部著作，另有 9 部著作他也有参与编写。在生物学、植物学、动物学、地质学和养殖园艺方面他都做出了杰出的贡献。培根的一段话，可以当作对达尔文一生的注解："我发现我最适于做的事莫过于对真理的研究。因为我有这样的天赋本性：要求探索，耐心怀疑，乐于深思，缓于断定，敏于反复考察，慎于处理和安排材料。还因为我是这样一个人：既不爱好新的，也不赞美旧的，而且憎恨各种虚伪欺诈。所以，我以为我的本性同真理有一种亲密关系。"达尔文的一生不就是在追求真理吗？

乐善好施

达尔文很早就跟胡克说过，他了解研究植物学的艰苦，很愿意长期协助皇家植物园编纂植物索引目录，让其他科学家们从中受益。重新编纂植物名汇，是一项规模巨大的工作。达尔文 1882 年 1 月份首次捐款 250 英镑，作为编辑费，并承诺以后每年支付所需费用。《皇家植物园植物名称索引》初稿重达一吨，人们为了纪念达尔文及其家人，把这部巨著又称为《达尔文植物名汇》。这部索引现已成为全世界范围的植物学名的资料库，最早是五年出一本，后来是每年出一本，凡是新发现的植物物种都要到那里去登录。

达尔文全家人都很节俭，达尔文自己在生活

中有时简直像个守财奴一样，他特别爱惜纸张，连一张废纸都不放过。朋友们的来信常常被他“修剪”，把那些空白地方剪下来放在一个纸夹里用来做笔记。自己用过的纸张基本是正反面都密密麻麻地写满了字，以至于他的著作原稿很大一部分因此而毁坏了！但对于他所热爱的自然科学事业，他向来慷慨大方。他曾多次发表声明，乐意捐助成绩显著的科学工作者。他对朋友说：“我近来的收入大大增加了，但家里的支出仍旧如前。我极想捐献一部分资金用来资助或者促进地质学和生物学方面的发展。”因为他这一生的研究工作就是从这两个学科中开始的，并且从中获得了很大的成就和极高的赞誉，所以如果有相关的研究工作缺乏资金，他很乐意捐助。

1870 年，达尔文获得皇家医学院的贝利奖章。1875～1878 年，设在都灵的意大利皇家学院将比利萨奖奖金共计 12000 法郎也授予达尔文，他拿到奖金后，立即写信给那不勒斯动物研究所的朋友，信中说：“如果你们那个研究需要一些仪器，价值在 100 英镑左右的话，我很乐意能够资助你们。请你记着这件事，如果你们有什么需要，我会随时寄给你们支票。”按照当时的消费水平，每人每年消费 200 英镑生活就很富足了。达尔文书籍出版工作差不多一直由出版商默瑞承担，他向默瑞提供了 5000 英镑的巨资，用于翻译出版世界各地名著，又自费买了这个系列的翻译作品赠送给英国各个学会的图书馆。

1873 年，好友赫胥黎得了严重的肝病，需要长期休养，但他的经济状况不容乐观。达尔文知道这个消息后心急如焚，赫胥黎患病简直比他自己患病还让他难受。这么多年了，赫胥黎一直替自己、替进化学说四处奔走宣传，如果赫胥黎有什么三长两短，不仅是达尔文的损失，更是整个科学界的损失。达尔文当然不能坐视不管，但他又深知赫胥黎这个人自尊心极强，如果直接给他钱，他肯定不会接受。达尔文和埃玛反复商量终于想到了一个办法。达尔文给赫胥黎写了一封信，同时把赠款寄给一家银行。信中说："亲爱的赫胥黎先生，一笔 2100 英镑的资金已存入您的账户下，我这么做是为了公众利益，您可千万不要多想……如果您能听到我们说什么，或者了解我们内心深处想什么，您就会知道我们大家对您的感情和对待一位可尊敬的、深深热爱的兄弟应有的感情没什么两样。我相信您也会以同样的心

情对待我们，乐于给我们一个对您略尽心意的机会。因为这将是我们终生感到高兴的事情。另外，这个做法是几位朋友几乎同时想到的，事先并没有商量……”赫胥黎被达尔文的良苦用心深深地感动了，人生得一知己足以！

他对朋友们尽心竭力，慷慨大方又善解人意。胡克在一次航行回来之后，被告知有关他工作的资助被停止了。达尔文知道后，写信多方求助，胡克自己也积极申请，最后终于又取得了政府的资助。他还想方设法地帮助华莱士取得了皇家学会的津贴。动物学家弗里茨·马勃在巴西考察时遭遇洪水，所有书籍仪器毁于一旦，达尔文得知消息后立即表示要给这位著名的“观察大师”购置所需的科学用品。农学家托尔毕在培育马铃薯变种时遇到了困难，实验难以为继，达尔文和几个朋友一起捐助了一笔钱让托尔毕顺利完成了他的实验。

在达温村，每当镇上的村民青黄不接时，埃玛就会向那些贫寒困难的村民发面包票，凭借票据到面包房里领刚出炉的面包，最后由埃玛结账。达尔文在达温村还成立了一个互助组织，名叫友谊社。达温教区的牧师说：“在教区的各种事务上，达尔文先生是一个积极的助手；在学校、救济和其他事情上，他总是给予慷慨的捐助；有时遇到捐款不够的情形，我总是有把握可以从他那里得到帮助。”达温的村民们都十分敬重达尔文。

儿子弗朗西斯回忆道，有一次达尔文坐着马车回家，路上看见一个壮汉挥舞着鞭子不停地抽打一匹马。他赶忙停车，上前问那个男子：“先生，您怎么这样狠心？马身上已经鞭痕累累了，您怎么还不放过它啊？”这位男子抬眼一看，原来是鼎鼎大名的科学家达尔文跟他讲话，他顿时心虚起来，支吾着说：“哦，先生，是这马太……太不听话了！”达尔文说：“您这样往死里打它就听话了吗？它和我们一样都是有生命、有感觉的，想想吧，如果鞭子抽到您身上，您是什么感觉？”达尔文回到家里后，家人就发现他因情绪激动而脸色苍白，又因心疼动物而神情沮丧。达尔文对动物的仁爱之心，达温村的村民们都非常清楚。

19 世纪 70 年代，英国上流社会流行反对解剖动物的运动，他们甚至想通过议会制定法案明令禁止。达尔文的女儿也加入了这个运动，并写信给达尔文请他签名支持。达尔文思前想后给女儿回信拒绝了她的请求。他的确很热爱那些小动物，记得小时候他不经意踢了一条小狗，为这事耿耿于怀了很长时间。但作为一名科学家，他深知这件事情不能感情用事。他给友人的信中说："在我的一生中，我无时不在努力提倡以人道主义的精神去对待动物；在我的著作中，我尽了自己最大的努力做这一点。几年前，当反对生理学家的运动在英国开始的时候，有人断言英国人对待动物是不人道的，而且他们使动物遭受了不必要的痛苦；那时我就想如果全国能就这个问题通过一项条例或许是个办法……这不仅能除去产生怨言的一切根源，还能使生理学家们自由地去进行他们的研究……若非借助于活的动物，我想生理学是不可能有进步的。而且，我深信，阻挡生理学进步的人犯的是反人类的罪恶。"

达尔文以一名科学家的眼光，理智地看待这个问题。他不像那些伪善的绅士淑女们似的，不懂科学、眼光狭隘，反对一切用作科学实验的活体解剖。达尔文反对的是无端对动物施虐的暴行，他坚持的是为促进科学事业而借助动物所进行的一切实验，这才是一名科学家真正的博爱精神。

虚怀若谷

1877年2月12日，是达尔文68岁的生日，那天他收到了两份特殊的礼物：两本装帧精美的相册。一本是德国的雷德先生寄来的，上面有154位科学家的照片和他们的生日祝词。一本是荷兰班墨兰教授寄来的，上有217位科学家的照片和生日祝词。

这两本相册让他感到了极大的满足，他一边翻阅，一边自言自语地说："这是我得到的最高的荣誉了，这么珍贵的礼物我一定要好好保存。"他喜不自胜地对埃玛说："我要马上写信给他们，向他们表示我最深的谢意。"他给班墨兰教授的感谢信里是这样写的："昨天我接到了伟大的礼物——相册和您的来信……这件礼物使我感到了极大的满足，我认为没有比这个纪念品更能让我感到光荣的了。我深知，如果没有那些让人钦佩的观察者们所搜集的大量材料，我绝对写不出那些书来，而且这些书也绝不会在人们的脑海中留下什么印象。因此，光荣也是属于他们的……我以为每一位科学工作者有时难免沮丧，并且会怀疑他所发表的东西是否值得花费自己那么多的精力。但是，在我的一生中，每当我需要鼓舞的时候，我都会看一看科学家中这些卓越的同行们的照片，并且想一想他们给我的慷慨的帮助。当我死去的时候，这些照片将是留给我的孩子们的一份最珍贵的财产。”

达尔文家里确实珍藏了很多朋友们的照片，他专门把楼下的一个房间布置成了小画廊，里面挂满了科学界同行们的照片和画像。每当有朋友初次到他家去坐客时，他都要兴致勃勃地领着他们去观赏，介绍他亲爱的朋友们。

“这就是胡克，他是世界上最伟大的科学家之一。老实说，如果没有他的帮助，我的那些关于植物学的书，一本也写不成。”“看，这位是华莱士，您大概知道他年轻有为，我研究了那么多年的题目，他年纪轻轻地就得到和我同样的结论，世界上还有比这更巧合的事情吗？”“那是赖尔教授，我永远不会忘记，我在科学上的每一个成就几乎都离不开他的书《地质学原理》给我的启示。”

达尔文深知如果没有各行各业朋友们的帮助，没有那么多无私的园艺家、养殖家的资料，没有勇往直前的先驱们的奋斗，他是写不出这么多著作来的。在给朋友的信中，达尔文屡次说功劳不是独属于自己的，华莱士、胡克、赖尔、亨斯洛、海克尔，这些卓越的科学家给了他无数宝贵的建议和想法。著作等身的达尔文并没有过河拆桥，相反他尽可能地在著作中提及每个材料的来源，每个想法的出处。比如人工选择原理，这是他进化学说的重要组成部分，他在《物种起源》里是这么说的："如果以为人工选择原理是近代的发现，那未免与事实相差太远……在一部中国古代的百科全书中已经有关于选择原理的明确记述了。"这种不矜不伐、虚怀若谷的品格，值得每一个人学习。

《物种起源》的出版，使声讨达尔文的声浪持续了很多年，但这些声音越来越小、越来越微弱，《物种起源》后来被译成53种文字，随之而来的就是莫大的荣誉和奖励了。据统计，达尔文获得的学位有剑桥大学名誉法律博士、波恩大学名誉医学外科博士、比勒斯劳大学名誉医学外科博士。地质学会授予他华拉斯登奖章，皇家学会授予他皇家学会奖章和科普利奖章，皇家医学院授予他贝勒奖章。美国、法国、德国、荷兰、比利时、意大利、丹麦、葡萄牙、西班牙、俄罗斯、瑞典、瑞士等国家和地区的 61 个学术团体也授予他学位或吸收他为会员，有的还向他颁发了奖金和奖章。这些博士学位、名誉会员、通讯会员、终身会员、名誉教授、名誉院士等都是对他辛勤著述的肯定。

特别是 1864 年英国科普利奖章，按照要求是应该本人到场领奖的。达尔文的表哥福克斯告诉他：“达尔文，皇家学会决定颁发给你一枚科普利奖章，不过获奖人通常必须亲自去领。”达尔文说：“哦，给我颁发奖章啊？真是奇怪了，我这个衰老的病躯竟然没被他们忘记，但是我的身体状况不允许我去领奖啊！”

胡克说：“去年赖尔就提议把奖章颁给您，但被那些反对进化学说的人给否决了。今年决定颁奖给您，这代表着《物种起源》的胜利。更何况科普利是一个科学家能在英国所得到的最高荣誉了！”

达尔文说：“我知道，为各门学科设置并向全世界开放的科普利奖章是巨大的荣誉。给我颁奖证明了自然选择理论在英国取得了一定的胜利，而且在国外也脱离了被围剿的局面，这让我很高兴。不过说到奖章，那只不过是个圆形的小金牌，对我来说是无所谓的。”

结果大家都知道了，达尔文没去，赫胥黎和胡克代替他领奖，并在会上又一次维护了《物种起源》。奖章不算什么，正如普鲁士“功勋骑士团”授予的功勋骑士也不算什么，达尔文真正做到了淡泊名利。

晚年的达尔文早已声名远扬了，正如他在《回忆录》中所说：“我的著作，已在英国销售很广泛，并被译成多种外文，且在国外也再版过几次。我曾听说，一部著作能在国外获得成功，也就是它是否具有永久价值的最良好的检验标准。我怀疑这种说法是否完全正确。但如果用这种标准来判断的话，那么我的名声大概会再流传若干年的。”

英国伦敦的权威报纸《泰晤士报》曾发表过社论赞扬达尔文：“在仍在世的科学家中，无人能比达尔文的研著工作时间更长久，而且取得了这么多的丰功伟绩。”

生荣死哀

达尔文虽然有父亲的遗产、自己的稿费、奖

金等收入，但全家人都躬行节俭。家里最大的开支应该就是孩子们的教育费用了。达尔文很重视教育问题，他和埃玛共生了 10 个孩子，3 个孩子夭折，其余 7 个的教育费每年多达 1000 至 2000 英镑。说起孩子们，达尔文一直有块心病。早在 1862 年《兰花的传粉》一书中，他就得出了一个结论——“大自然断然地告诉我们，她厌恶永恒的自花传粉。”这一科学的论断极大地促进了园艺学的发展。这个结论是他经过多年的实践研究证明了的，自然厌恶近亲受精，那么对于人类来说，这个结论也适用吗？他和埃玛是表姐弟关系，他们一共生了10 个孩子，夭折了3 个，如果这可以归于当时医学不发达的话，那么其他 7 个长大的孩子却都患有不同程度的疾病。自从他用植物实验证明了自然厌恶近亲受精后，他就担心自己与埃玛的婚姻会给后代带来隐患。

事实证明，达尔文的 7 个孩子，除了女儿伊丽莎白终生未嫁，有 3 个孩子无生育能力，其余 3 个患有不同程度的抑郁症，这都是近亲结婚的恶果。不只在英国，近亲通婚当时在世界各地都是普遍现象。达尔文生前没能确证人类近亲通婚的后果，但他的表弟弗朗西斯·高尔敦（1822—

1911）创立了优生学，高尔敦通过谱系调查论证了遗传因素与个体差异的关系，倡导善择配偶，改良人种，对遗传学和分子生物学的发展起了很大的影响。后来人们终于弄清了遗传性疾病的原因，明白了近亲不能结婚的道理。达尔文的推断是正确的，他总是那样的先知先觉，人们又总是那样的后知后觉。

1882 年春天，达尔文几乎每天下午都感到胸部疼痛，头晕目眩。3 月份的一天，他感到身体似乎好一些，很长时间因为身体不适没去沙径散步了，这天阳光明媚、春风和暖，达尔文带着爱犬沿着熟悉的林荫道慢慢走着。树上新枝抽芽、旧叶落尽，周而复始，这种景象每年都会看到，但今天达尔文心里颇有感触，对着树上被春风吹得摇摇欲坠的旧叶，他自言自语地说："你已经为大树尽了自己最后一点力气，可以没有遗憾地拥抱大地了。"突然，他感到一阵心悸，胸部疼痛猛地袭来，他不得不就近在地上坐下来休息，达尔文眉头紧蹙，手捂胸口，过了好久他才感到好一些。爱犬一直陪在他身边，他拄着拐杖艰难地走回了家。这一天是 3 月 7 日，达尔文一生在沙径上的最后一次散步。

1882 年 4 月初，经伦敦名医克拉克爵士的诊治，达尔文的病情比较稳定。克拉克好几次把达尔文从鬼门关拉了回来，他非常敬佩达尔文在自然科学上的贡献，几次对达尔文夫妇说只要达尔文有需要，他会随叫随到。克拉克住在伦敦，来回不便，事务繁忙，达尔文夫妇不到紧急时刻也不想劳烦他。

4 月 18 日下午，儿子弗朗西斯有事出去了，但今天的实验记录还没有做，达尔文让埃玛扶着他去温室，把这天的植株生长情况写在了记录本上。当晚，达尔文精疲力竭，没吃饭就上床休息了。晚上 11 点 3 刻左右，达尔文病发昏厥。埃玛和儿女们围在他床边，哭成一团。没过多久，达尔文苏醒过来，他的目光极缓慢地扫过房间里他深爱的每一个人，用极微弱的声音叮嘱埃玛自己的后事，他深深地感谢埃玛，赞美埃玛，如果没有埃玛几十年来无微不至的照料，没有她全心全意对这个大家庭的付出，达尔文是无法取得这么高的成就的。幸好孩子们都长大成人了，他们会照顾好埃玛的。还有他奋斗了一生的自然科学事业，弗朗西斯兄弟几个会继续那些未完成的实验。“还有没有编完的植物名汇，告诉胡克，我死后，你们会继续资助。埃玛啊，埃玛，你是一个多么好的妻子啊！还有，还有……”达尔文昏厥了过去，再也没有醒来。

1882年4月19日凌晨4点，达尔文因心脏病逝世，享年75岁。达尔文的一生可用8个字来概括，那就是“生命不息，奋斗不止”。他用行动实现了当初的那个理想，即献身于自然科学事业，为热爱的科学添砖加瓦。他一生的成就建造了属于他的科学大厦。其实达尔文70岁之后，不可避免地考虑到自己的后事问题，他多次向朋友们说：“经历了我这样的一生，我不惧死亡。我临死前不会要求上帝的宽恕。”达尔文的大半生都处于疾病的折磨中，能够年过古稀且硕果累累，的确没什么值得惧怕、遗憾的了。不断有人杜撰说，达尔文死前曾向上帝忏悔，这被许多历史学家和其后代所痛斥。其女亨丽埃塔在父亲临终前一直陪伴他，她说达尔文的最后一句话是对妻子埃玛说的：“记住你是一个多么好的妻子啊！”

根据达尔文的遗嘱，家人准备把他葬在达温庄园。然而，此时的达尔文早已经不独属于家人了，他的死讯很快传遍了英国。天空上最亮的启明星依旧指引着迷路的人，人类科学界的巨星却无可挽回地陨落了，全世界为之悲恸。达温庄园收到的唁电唁函来自世界各地，来自各行各业，无数人向达尔文一家人表达他们最沉痛的悼念。胡克、赫胥黎、华莱士等人聚在一起商议达尔文葬礼一事。20名国会议员联名向英国威斯敏斯特教堂教长布莱德雷提议："我国的杰出人士达尔文先生与世长辞，他的遗体应该安葬在威斯敏斯特教堂。这个做法一定会得到我国各阶层以及具有各种主张的大多数人民的赞许。我们特做上述建议，还望见谅。"

当时布莱德雷正在国外，但他还是毫不犹豫地同意了这20位议员的建议。威斯敏斯特大教堂是英国的圣地，在英国众多的教堂中地位显赫，可以说是英国地位最高的教堂。除了王室成员，英国许多领域的伟大人物也埋葬在此。英国人因此把威斯敏斯特教堂称为"荣誉的宝塔尖"，认为死后能在这里占据一席之地，是至高无上的光荣。其中著名的"诗人角"就位于教堂中央往南的甬道上。在这儿长眠着许多著名的诗人和小说家。如英国14世纪的"诗圣"乔叟、著名的小说家哈代。"诗人角"中央，埋葬着与达尔文同时代的、同名不同姓的、19世纪最杰出的现实主义作家查尔斯·狄更斯。在教堂的北廊里，还伫立着许多音乐家和科学家的纪念碑。其中最著名的是牛顿，他是人类历史上第一个获得国葬的自然科学家。他的墓地位于威斯敏斯特教堂正面大厅的中央，墓地上方耸立着一尊牛顿的雕像，旁边还有一个巨大的地球造型以纪念他在科学上的功绩。曾经目睹了牛顿葬礼的伏尔泰为之深深震动，他感慨道："走进威斯敏斯特教堂，人们所瞻仰的不是君王们的陵寝，而是国家为感谢那些为国增光的最伟大人物而建的纪念碑。这便是英国人民对于才能的尊敬。"

为了说服埃玛及其子女，皇家学会主席斯波蒂斯伍德给他们写信说："我非常了解你们的感情，我个人也非常认同把达尔文先生安葬在达温村，让他长久地陪伴你们。但我也相信，人们非常清楚发起这件事的人不是你们。而且从国家的观点来看，把达尔文先生安葬在威斯敏斯特教堂显然是最好的安排。"埃玛和孩子们此时也都明白了事情的重要性，把达尔文葬在威斯敏斯特教堂也是好事，他的老朋友赖尔、赫歇尔也都在那里安息呢！

1882 年 4 月 26 日，伦敦威斯敏斯特大教堂举行了达尔文的葬礼，为他扶柩的人有胡克、赫胥黎、华莱士、斯波蒂斯伍德、牧师法拉尔、美国公使罗威尔、德温郡公爵、阿盖尔公爵等人。参加葬礼的除了达尔文的家属和亲戚，还有来自法国、德国、意大利、西班牙、俄国和美国等代表，以及各大学、各学会的代表人和许多社会各界的知名人士。埃玛因悲痛欲绝而无法出席这样庄严隆重的葬礼。

自从《物种起源》以来，曾反对达尔文进化学说的教会此时为达尔文写的光辉耀眼的悼词堪比写给国王的悼词。牧师声情并茂地朗读了悼词后，棺木缓缓放进了墓穴，达尔文在此永远安息了。他的墓碑竖立在教堂中堂的东北角，白色的墓碑低调而朴素，正如达尔文的一生，与之相邻的是他的老朋友天文学家赫歇尔，以及同样伟大的自然科学家牛顿。达尔文的墓碑上刻着：

《物种起源》及其他几部自然科学著作的著者

查尔斯·达尔文

生于 1809 年 2 月 12 日

卒于 1882 年 4 月 19 日

达尔文逝世后，当地小镇的居民决定要在他的母校前树立一尊达尔文铜像，没想到一场突如其来的地震竟然把小镇教堂的尖顶震塌了。一时间小镇居民议论纷纷，许多老人惴惴不安地说：恐怕上帝不喜欢达尔文啊！他的铜像还是不要建了吧！然而，达尔文的进化学说这么多年已经潜移默化深入人心了，支持建造铜像的声音盖过了迷信上帝的低语，达尔文的铜像如期树立在他的母校前面。许多年过去了，这个小镇依旧平安祥和，只有那些全球各地瞻仰达尔文故居的人时常前来膜拜悼念。

达尔文在中国

1873 年，中国学者华蘅芳同美国传教士一起翻译了赖尔的《地质学原理》，当中明确指出了神创论和物种不变的思想已经过时，提到了拉马克、达尔文的生物进化，虽然这部浅显的翻译影响不大，但是开创了进化论在中国传播的先声。1891 年《格致汇编》对达尔文的理论作了概述，但要论广泛传播当属严复（1854—1921）的翻译了。

1894 年，中国在甲午战争中惨败。曾留学英国的严复担任北洋水师学堂的校长，他的同学刘步蟾和成千上万的学生已长眠于黄海的波涛之

中。严复痛不欲生，他终于意识到只有唤醒沉睡的同胞，改变他们的思想，彻底维新变法才能拯救危如累卵的千年帝国。他决定将西方近代经典学说介绍到中国，他首选《物种起源》，但其专业性太强，严复担心国人不易理解。因此他选择了赫胥黎普及介绍达尔文学说的小册子《进化论与伦理学》，严复翻译为《天演论》，将达尔文的进化论概括为朗朗上口的八个字——物竞天择，适者生存。他试图通过这个亘古不变的自然规律警醒国人，当今世界弱肉强食，正如残酷的大自然一样，再不维新图强、奋发上进，就会被整个世界淘汰，中华民族危在旦夕！

孙中山（1866—1925）曾说："自严氏之书出，而物竞天择之理，厘然当于人心，中国民气为之一变。"鲁迅先生（1881—1936）回忆自己在南京水师学堂求学时的情景：买了一本《天演论》，始知世界上有个叫赫胥黎的人，他的想法可真新鲜啊，"一有闲空，照例地吃侉饼、花生米、辣椒，看《天演论》"，并认为严复"与众不同，是一个19世纪末中国感觉最敏锐的人"。鲁迅1907年发表《人之历史》的论文，专门介绍生物进化和人类起源，"达尔文《物种由来》成，举世震动，盖生物学界之光明，扫群疑于一说之下者也。”

中国科技馆研究员王渝生说：“我看过当时孙中山演讲的录像，包括毛泽东和梁启超这些人，宣传革命首先就讲一通天演论，讲一遍进化论。从一百多年前中国的近代革命来看，达尔文的进化论传到中国，对中国的民族革命思潮是很有好处的，特别是当时的热血青年感觉到生物要进化，我们的社会也要变革，也要革命，所以起到了很好的宣传革命的作用。”

我国著名科学家马君武（1881—1940）翻译了达尔文的《物种起源》《人类的由来及性选择》，编写了《达尔文传》，还翻译了其他进化说学者如海克尔的著作。马君武把达尔文学派的主要著作翻译出版，为达尔文学说在中国系统地传播起了巨大作用。之后，研究进化论的人越来越多，很多人还写了宣传进化论的书籍。自 19 世纪 70 年代达尔文学说传入中国后，作为一种进步的新思想与中国人民求新求变的社会改革诉求相结合，受到了中国人民的热烈拥护和积极宣传。当然，进化学说在中国也受到了封建势力及教会的攻击，但真理始终会战胜谬误，没有什么能够阻挡进步的历史潮流。中华人民共和国建立后，达尔文及其进化学说得到了更广泛的宣传，进化论极大地推动了中国生物学的繁荣发展。达尔文的名字在中国早已人尽皆知。

2009 年，达尔文 200 周年诞辰，也是《物种起源》发表 150 周年，我国中央电视台专门派摄制组远赴英国拍摄了名为《达尔文》的大型人物传记纪录片，来表达中国人民对这位伟人的敬仰与纪念。

在英国，达尔文的头像被印在了英镑上，在科学界有以达尔文命名的动植物，在世界各地有以达尔文命名的山峰、地区。达尔文其人其文早已跨越了语言和文化的隔阂，成为世界人民永远的精神财富。

1836 年，年轻的达尔文完成了环球航行回到英国，他曾感慨地写信给贝格尔号舰长菲茨·罗伊说：“英国全都变了，只有我的家乡什鲁斯伯里没有变化。”然而，达尔文最终用他的科学理论改变了故乡，也改变了整个世界。